ERNST-JOACHIM LAMPE

Der Kreditbetrug (§§ 263, 265b StGB)

Untersuchungen über das Spar-, Giro- und Kreditwesen

Abteilung B: Rechtswissenschaft

Schriften des Instituts für internationales Recht
des Spar-, Giro- und Kreditwesens an der Universität Mainz

Herausgegeben von
Prof. Dr. Walther Hadding und Prof. Dr. Uwe H. Schneider

Band 23

Der Kreditbetrug

(§§ 263, 265b StGB)

Von

Dr. Ernst-Joachim Lampe

o. Professor an der Universität Bielefeld

DUNCKER & HUMBLOT / BERLIN

Alle Rechte vorbehalten
© 1980 Duncker & Humblot, Berlin 41
Gedruckt 1980 bei Buchdruckerei A. Sayffaerth - E. L. Krohn, Berlin 61
Printed in Germany
ISBN 3 428 04580 7

Inhaltsverzeichnis

Einleitung 7

A. Der Kreditbetrug 8

   I. Der Kreditbetrug des § 263 StGB 8

      1. Die Täuschungshandlung 9

         a) Täuschung durch positives Tun 10

         b) Täuschung durch Unterlassen und durch konkludentes Tun .. 15

      2. Die Irrtumserregung 20

      3. Die Vermögensverfügung 22

      4. Der Vermögensschaden 24

         a) Der Zeitpunkt der Schadensberechnung 25

         b) Die Schadensfaktoren 27

      5. Der Vorsatz 29

      6. Die Absicht, einen Vermögensvorteil zu erlangen 31

      7. Die Rechtswidrigkeit der Tat 31

      8. Zusammenfassung 32

   II. Der Kreditbetrug des § 265 b StGB 33

      1. Das geschützte Rechtsgut 37

      2. Der Kreditbetrug als abstraktes Gefährdungsdelikt 41

      3. Die Tathandlung 46

      4. Die Begrenzung der Vorschrift auf von Betrieben gewährte Betriebskredite 51

      5. Die Begriffsbestimmung des Kredits 54

      6. Zusammenfassung 54

B. Sonderformen des Kreditbetruges 57

   I. Der Wechselbetrug 57

      1. Der Wechselbetrug als Betrug i. S. des § 263 StGB 59

      2. Der Wechselbetrug als Kreditbetrug i. S. des § 265 b SGtB? . 63

      3. Der Tatbestand des Wechselmißbrauchs in § 186 AE 64

II. Der Scheckbetrug 67
      1. Der Scheckbetrug als Betrug i. S. des § 263 StGB 68
      2. Der Scheckbetrug als Kreditbetrug i. S. des § 265 b StGB? 70
      3. Der Tatbestand des Scheckmißbrauchs in § 184 AE 70
      4. Kriminalpolitische Bewertung 72

Anhang 76

Literaturverzeichnis 83

Einleitung

Seit Bockelmann im Jahre 1967 seine Untersuchungen über „Kriminelle Gefährdung und strafrechtlichen Schutz des Kreditgewerbes" veröffentlichte[1], hat die Erkenntnis, wie schwer einerseits die Gefahren sind, die der Kreditwirtschaft durch betrügerische Machenschaften drohen, und wie schwach andererseits die strafrechtlichen Mittel, mit denen wir sie bisher bekämpft haben, erheblich an Breite und Tiefe gewonnen. Das wichtigste Ergebnis dieser Erkenntnis ist ein neuer strafrechtlicher Tatbestand: der Tatbestand des *Kreditbetruges*, der 1976 als § 265 b in das Strafgesetzbuch eingefügt worden ist. Zu seiner Begründung hat sich der Gesetzgeber ausdrücklich einen Gedanken zu eigen gemacht, der auch sonst die neuere wissenschaftliche Diskussion beherrscht: daß nämlich „Kreditbetrügereien größeren Ausmaßes nicht nur die wirtschaftliche Existenz des Kreditgebers gefährden, sondern darüber hinaus auch die Kreditwirtschaft als solche und damit die Volkswirtschaft insgesamt"[2]. Ebenfalls auf diesem Gedanken aufbauend haben — etwa gleichzeitig — die Verfasser des Alternativ-Entwurfs eines Strafgesetzbuches Vorschläge unterbreitet, wonach spezielle Formen des Kreditbetruges, nämlich der Wechsel- und der Scheckmißbrauch, künftig zusätzlich in Sondernormen unter Strafe gestellt werden sollen[3].

Neben dem allgemeinen strafrechtlichen Betrugstatbestand des § 263 gibt es daher heute — teilweise zwar nur auf dem Papier, teilweise aber bereits in der Gesetzeswirklichkeit — einen Kranz von Straftatbeständen, der die Kreditwirtschaft im Vorfeld betrügerischer Schädigung gegen wirtschaftlich besonders gefährliche Verhaltensweisen schützt bzw. schützen soll. Hierüber einen Überblick zu geben und gleichzeitig einen Beitrag zur kritischen Würdigung der Vorschriften zu leisten, ist der Zweck der folgenden Ausführungen[4]. Sie beginnen mit dem allgemeinen Kreditbetrug (unten A) und befassen sich anschließend mit dem Wechsel- und dem Scheckbetrug als dessen Sonderformen (unten B).

---

[1] Bockelmann in ZStW 79/28 ff.
[2] Bericht und Antrag des Sonderausschusses für die Strafrechtsreform, BT-Drucks. 7/5291 S. 14.
[3] Alternativ-Entwurf eines Strafgesetzbuches, Besonderer Teil: Straftaten gegen die Wirtschaft, §§ 184 ff. (S. 61 ff.).
[4] Die Ausführungen gehen auf einen Vortrag zurück, den der Verf. am 1. 2. 1979 in Mainz gehalten hat.

A. Der Kreditbetrug

Der (allgemeine) *Kreditbetrug* unterfällt zunächst dem in § 263 normierten (allgemeinen) Betrugstatbestand. Daneben wird der Begriff vom Gesetzgeber neuerdings gebraucht, um den Gefährdungstatbestand des § 265 b zu kennzeichnen, der im Vorfeld des allgemeinen Betruges steht.

Diese Terminologie ist verwirrend. Sie läßt sich m. E. auch nicht durch den Hinweis rechtfertigen, der Gesetzgeber habe dieselbe Verwirrung schon einmal gestiftet, als er im Vorfeld des Betruges einen Gefährdungstatbestand des „Versicherungsbetruges" (§ 265) schuf[1], der zum Versicherungsbetrug als Sonderfall des § 263 seither in einem ähnlichen — und im übrigen weitgehend ungeklärten[2] — Verhältnis steht wie der neue „Kreditbetrug" des § 265 b zum Kreditbetrug des § 263. Denn Fehler der Gesetzgebung werden durch ihre Wiederholung nicht getilgt, sondern vertieft und führen im übrigen, wenn sie die schlagwortartige Kennzeichnung einer Tat betreffen, zu falschen Stigmatisierungsprozessen in der gerichtlichen Praxis[3] und im öffentlichen Bewußtsein. Doch hat sich der Gesetzgeber von den gegen seine terminologische Festschreibung erhobenen Bedenken[4] nicht beeindrucken lassen. Wissenschaft und Praxis werden sich also damit abfinden müssen, künftig *zwei Formen* des Kreditbetruges zu unterscheiden: die „klassische" Form, die nach wie vor dem § 263 zu subsumieren ist (unten I), und den neuen Gefährdungstatbestand des § 265 b (unten II).

I. Der Kreditbetrug des § 263 StGB

Der Kreditbetrug ist in erster Linie ein *Anwendungsfall des allgemeinen Betrugstatbestandes,* also des § 263. Dessen *Struktur* ist kompliziert. Sie umfaßt vier objektive und zwei subjektive Merkmale und erfordert zusätzlich noch eine doppelte Bewertung i. S. der Rechtswidrigkeit. Schematisch dargestellt sieht sie so aus:

---

[1] So z. B. Göhler in Prot. 7/2514.
[2] Vgl. Schönke / Schröder / Lenckner, StGB § 265 Rdnr. 1 f., 16 m. w. Nachw.
[3] Dazu insbesondere § 260 Abs. 4 Satz 2 StPO, wonach im Urteil des Strafgerichts zur rechtlichen Bezeichnung der Tat die gesetzliche Überschrift verwendet werden soll.
[4] Lampe in Prot. 7/2510 f., 2513, 2514 f. Vgl. ferner Lackner, StGB § 264 Anm. 1 a. E.; Tiedemann in ZStW 87/274; Schubarth in ZStW 92 Heft 1.

(1) An der Spitze stehen *vier objektive Merkmale*, nämlich
- die *Täuschungshandlung* des Täters, d. h., wie das Gesetz es ausdrückt, die „Vorspiegelung falscher" oder die „Entstellung oder Unterdrückung wahrer Tatsachen" (dazu unten 1);
- die *Erregung eines Irrtums* in der Person des Getäuschten (dazu unten 2);
- als Folge des Irrtums die *Verfügung* des Getäuschten *über* sein eigenes *Vermögen* oder das Vermögen eines Dritten (dazu 3);
- schließlich die *Schädigung dieses Vermögens* als Folge der Verfügung (dazu unten 4).

(2) Daneben muß der Täter *zwei subjektive Merkmale* verwirklichen:
- Er muß den *Vorsatz* besitzen, bei seinem Geschäftspartner durch Täuschung einen Irrtum zu erregen und ihn dadurch zu einer vermögensschädigenden Verfügung zu veranlassen (dazu unten 5);
- und er muß in der *Absicht* handeln, für sich oder einen Dritten *einen Vermögensvorteil* aus der Tat *zu erlangen* (dazu unten 6).

(3) Die *Bewertung* der Tat geschieht in doppelter Weise:
- zum einen i. S. der *bürgerlich-rechtlichen Rechtswidrigkeit*, wonach die Vermögensverschiebung rechtswidrig ist, sofern das Opfer den Schaden nicht hinzunehmen und der Täter den Vorteil nicht zu beanspruchen hat;
- zum anderen i. S. der *strafrechtlichen Rechtswidrigkeit*, wonach die Tat insgesamt rechtswidrig ist, sofern kein Rechtfertigungsgrund eingreift (unten 7).

1. Die Täuschungshandlung

Das erste Merkmal des Betruges ist die Täuschungshandlung. Sie wird durch die freie Phantasie des Täters ausgefüllt und entzieht sich deshalb einer inhaltlichen Erfassung selbst dort, wo es sich um ein so eng begrenztes Gebiet wie das des Kreditbetrugs handelt. Nur die Wahrheit ist endlich, die Lüge dagegen ist unendlich! Was dem Juristen bleibt, ist daher allein der Versuch einiger *formal-juristischer Spezifizierungen*[5].

Der Jurist kann vor allem unterscheiden, ob die Täuschung durch eine *Handlung*, also durch ein positives Tun ausgeführt wurde — etwa durch die in einem Kreditantrag aufgestellte Behauptung, Eigentümer einer in Wahrheit sicherungsübereigneten Maschine zu sein —, oder

---
[5] Hierzu vor allem Burchardt, S. 3 ff.

ob der Täuschung lediglich ein *Unterlassen* zugrunde lag — etwa das Verschweigen bestehender Verbindlichkeiten. Die Abgrenzung zwischen beiden Formen ist gerade beim Kreditbetrug schwierig[6] und soll zunächst dahingestellt bleiben. Ausgangspunkt der folgenden Erörterungen wird der eindeutige Fall einer Täuschung durch positives Tun sein, also, um beim Beispiel zu bleiben, die Aufstellung einer falschen Behauptung über die Vermögenslage in einem Kreditantrag.

a) Täuschung durch positives Tun

Die Täuschung durch positives Tun, begangen vor allem durch die Aufstellung von falschen Behauptungen, hat sich kraft Gesetzes auf *Tatsachen* zu beziehen. Die Aufstellung von falschen Werturteilen („Ich bin ein zuverlässiger Schuldner" o. ä.) erfüllt den Betrugstatbestand nicht[7]. Innerhalb der Tatsachen, über die *beim Kreditbetrug* getäuscht werden kann, können wir dann noch zwischen äußeren und inneren Tatsachen unterscheiden:

— *Äußere Tatsachen* sind die wirtschaftlichen Werte, welche die Fähigkeit des Schuldners begründen, den Kredit bei Fälligkeit zu amortisieren und die vereinbarten Zinszahlungen und Nebenleistungen zu erbringen *(Zahlungsfähigkeit)*, sowie hilfsweise die wirtschaftlichen Werte, die dem Kreditgeber für die Erfüllung der Vertragsverpflichtungen als *Sicherheiten* dienen.

— *Innere Tatsache* ist vor allem die für die Erfüllung der Vertragsverpflichtung wichtige Bereitschaft des Schuldners, sich vertragstreu zu verhalten[8] *(Zahlungswilligkeit)*.

Diese Unterscheidungen sind dogmatisch im wesentlichen unumstritten[9]. Die Probleme der Täuschung durch positives Tun liegen beim

---

[6] Die gesetzliche Unterscheidung zwischen der „Vorspiegelung falscher" sowie der „Entstellung oder Unterdrückung wahrer Tatsachen" gibt hierfür nichts her.

[7] Im einzelnen Maurach / Schroeder, BT 1 S. 403.

[8] Die als innere Tatsache weiterhin wichtige Absicht des Täters, mit dem geliehenen Kapital in bestimmter Weise zu verfahren (dazu RGSt 66/56 [58]; in JW 1926/2924 m. Anm. Klefisch; Burchardt, S. 7), bleibt im folgenden aus der Erörterung ausgeklammert. Ihre Diskussion müßte zu einer Auseinandersetzung mit der sog. Zweckverfehlungstheorie führen und würde daher einen erheblichen Raum beanspruchen.

[9] Lackner, LK-StGB § 263 Rdnr. 12; Schönke / Schröder / Cramer, StGB § 263 Rdnr. 10; Maurach / Schroeder, BT 1 S. 402 f. — a. A. Naucke, S. 110 f., 214 f.; kritisch auch Samson, SK-StGB § 263 Rdnr. 10, dessen Begründung, „mit Hilfe des Instruments [?]der inneren Tatsache" werde „die grundsätzliche Ausgrenzung der zukünftigen Tatsache wieder zurückgenommen", nicht überzeugt. In der Rechtsprechung wird eine Täuschung über die innere Tatsache des Zahlungswillens ausdrücklich für strafbar gehalten von RGSt 24/216 [217]; 66/56 [58]; in DR 1943/74; BGHSt 15/24 [26]; OLG Celle in GA 1957/220; OLG Brauschweig in NJW 1959/2175 [2176] u. ö.

Kreditbetrug eindeutig im prozessualen Bereich: im *Nachweis* des Nichtvorhandenseins der behaupteten Tatsachen und folglich der täuschenden Vorspiegelung ihrer Existenz.

Am stärksten sind die Nachweisschwierigkeiten naturgemäß bei den inneren Tatsachen, insbesondere beim fehlenden *Zahlungswillen*. Soweit der Beschuldigte die Vorspiegelung des Zahlungswillens nicht zugesteht, muß der Richter den Nachweis in Form eines Indizienbeweises führen. Das aber ist schon deshalb schwierig, weil es keinen Satz der Lebenserfahrung gibt, daß die finanzielle Schwäche eines Kreditschuldners auch dessen Zahlungswillen lähmt oder daß aus der späteren Zahlungsunfähigkeit auf die anfängliche Zahlungsunwilligkeit zurückgeschlossen werden darf. Lediglich wenn der Kreditnehmer von Anfang an positiv wußte, daß er später zur Rückzahlung des Kredits nicht werde in der Lage sein, darf der Richter hieraus auf seinen mangelnden Zahlungswillen schließen[10]. Aber dieses anfängliche Wissen um die Zahlungsunfähigkeit im Fälligkeitszeitpunkt wird der Kreditschuldner i. d. R. genausowenig zugestehen wie seine Zahlungsunwilligkeit. Und es wird ihm genauso schwer nachzuweisen sein wie diese.

Die zweite Alternative der Täuschung beim Kreditbetrug ist die Täuschung über äußere Tatsachen, also über die *Zahlungsfähigkeit und* die zu ihrer Gewährleistung bestellten *Sicherheiten*. Auch hier liegt das Schwergewicht der Probleme im prozessualen Nachweis der Täuschung; doch erscheinen zusätzlich einige dogmatische Bemerkungen angebracht.

Dogmatisch ist insbesondere zu beachten, daß dem Täter im Rahmen des Betrugs nicht einfach die Vorspiegelung seiner künftigen Zahlungsfähigkeit vorgeworfen werden kann. Denn diese ist keine „Tatsache" i. S. des § 263. „Tatsachen" i. S. des § 263 sind nur gegenwärtige oder vergangene Zustände oder Ereignisse, solche also, die sich für den Zeitpunkt ihrer Behauptung als existent oder nicht-existent nachweisen lassen und damit den Schluß auf die Wahrheit oder Unwahrheit der Behauptung gestatten[11]. Die Zahlungsfähigkeit im künftigen Zeit-

---

[10] OLG Stuttgart in JZ 1958/1833: „Mangelnde Zahlungswilligkeit liegt auch dann vor, wenn der Käufer bei Abschluß des Kreditgeschäfts davon überzeugt ist, er werde die versprochene Leistung nicht erbringen können. Denn er kann in derartigen Fällen den Willen zur Zahlung in Wahrheit nicht haben, da man das Unmögliche nicht wollen kann. Daher liegt bei einer Überzeugung des Täters, nicht leisten zu können, ein Fall fehlender Zahlungswilligkeit vor, der die Verurteilung wegen Betruges rechtfertigt." Vgl. auch RGSt 24/216 (217).

[11] Die Rechtsprechung definiert den Begriff der Tatsache als etwas „Geschehenes oder Bestehendes, dem Beweise Zugängliches, das zur Erscheinung erlangt und in die Wirklichkeit getreten ist" (RGSt 41/193 [194]; vgl. ferner

punkt der Rückzahlungsverpflichtung gehört nicht dazu; sie kann lediglich vorhergesagt, aber nicht behauptet werden. Aus diesem Grund ist für den Kreditbetrug entscheidend nicht die künftige, sondern die gegenwärtige wirtschaftliche Situation des Kreditschuldners — allerdings unter dem prognostischen Aspekt, ob sie es ihm künftig gestatten wird, seine vertraglichen Verpflichtungen aus dem Kreditvertrag zu erfüllen. Somit ist es die Täuschung über die gegenwärtige wirtschaftliche Lage als Grundlage der Fähigkeit, künftige Verpflichtungen zu erfüllen[12], was dem Täter zum Vorwurf gemacht werden kann und nachgewiesen werden muß.

Dazu zwei *Beispiele:*

— Wer seine Kreditwürdigkeit lediglich durch die falsche Behauptung stützt, er werde demnächst große Auslandsgeschäfte machen, spiegelt keine gegenwärtige „falsche Tatsache" i. S. des § 263 vor und kann deshalb nicht wegen Betruges belangt werden.

— Wer dagegen dieselbe falsche Behauptung durch die Vorlage eines Vorvertrages untermauert, der in Wahrheit nie abgeschlossen wurde, oder wer auch nur seine gegenwärtige Absicht zu künftigen Auslandsgeschäften bekundet, obwohl er sie nicht besitzt, täuscht über gegenwärtige (äußere bzw. innere) Tatsachen und macht sich (falls auch die übrigen Voraussetzungen vorliegen) wegen Betruges schuldig.

Der prozessuale *Nachweis* der Täuschung über die gegenwärtige wirtschaftliche Situation als Grundlage künftiger Zahlungsfähigkeit ist

---

RGSt 16/368 [369]; 22/158 [159]; 24/387 [387 f.]; 55/130 [131]; 56/227 [232 u. ö.]. Aus dem Schrifttum z. B. Dreher / Tröndle, StGB § 263 Rdnr. 2; Lackner, LK-StGB § 263 Rdnr. 11; Schönke / Schröder / Cramer, StGB § 263 Rdnr. 8; Maurach / Schroeder, BT 1 S. 402 f.

[12] Von der Täuschung über die objektiv-wirtschaftliche Grundlage künftiger Zahlungsfähigkeit zu unterscheiden ist die Täuschung über die subjektive Überzeugung, künftig zahlungsfähig zu sein (dazu auch oben OLG Stuttgart in FN 10). In Gegensatz etwa zu Burchardt, S. 16 f., rechne ich sie — als Täuschung über die Zahlungswilligkeit — nur insoweit zum objektiven Tatbestand, als die Überzeugung des Täters sich nicht ausschließlich auf seine Kenntnis von der gegenwärtigen Vermögenslage als Grundlage künftiger Zahlungsfähigkeit stützt, sondern auch zukünftige Entwicklungen außerhalb dieser Tatsachengrundlage ins Kalkül einbezieht. Die Kenntnis der gegenwärtigen Vermögenslage dagegen ist m. E. als Wissen um die künftige Zahlungsunfähigkeit Bestandteil allein des subjektiven Betrugsvorsatzes. Das Problem besitzt praktische Relevanz für den Fall, daß der Kreditnehmer aufgrund einer irrigen Vorstellung über seine gegenwärtige Vermögenslage glaubt, im Fälligkeitszeitpunkt zur Rückzahlung des Kredits außerstande zu sein, dies aber dem Kreditgeber nicht zu erkennen gibt. Hier muß, wer allein auf das Vortäuschen der Überzeugung von der künftigen Zahlungsfähigkeit abstellt, zum vollendeten Betrug kommen. Wer hier dagegen die objektiv günstige Vermögenssituation mitberücksichtigt, gelangt lediglich zu einem versuchten Betrug — mit den Folgen der Rücktrittsmöglichkeit gem. § 24 und der fakultativen Strafmilderung gem. § 23 Abs. 2.

nun, wie erwähnt, in der Praxis das eigentliche Problem: Denn zum einen hat die Strafverfolgungsbehörde (ex post!) die wirtschaftliche Situation des Beschuldigten für den Zeitpunkt der Tat, also für den Zeitpunkt der Kreditaufnahme, zu rekonstruieren und zu bewerten, ohne daß ihr dafür immer hinreichende Unterlagen und ein hinreichender Bewertungsmaßstab zur Verfügung stünde. Und zum andern muß sie anschließend prognostizieren, ob diese von ihr festgestellte und bewertete Situation die Rückzahlung des Kredits im Fälligkeitszeitpunkt sei es wahrscheinlich, sei es auch nur möglich erscheinen ließ. All diese Recherchen und Wertentscheidungen sind mit so vielen Unsicherheitsfaktoren behaftet, daß ihre Ergebnisse kaum jemals ausreichen werden, die „an Sicherheit grenzende Wahrscheinlichkeit" für die Feststellung des Täuschungsmerkmals i. S. des § 263 zu begründen. — Im einzelnen:

Die *Feststellung der wirtschaftlichen Situation* des Beschuldigten im Zeitpunkt der Kreditaufnahme umfaßt alle Faktoren, die den Wert seines Vermögens ausmachen, im Falle des Betriebskredits also nicht nur den Bestand seines Betriebes, sondern auch dessen Tätigkeitskreis und Kundenstamm. Hier bestehen, vor allem bei nachlässiger Buchführung, die ersten Fehlerquellen für das Ermittlungsergebnis. Sodann sind die festgestellten Faktoren von der Ermittlungsbehörde zu bewerten, wodurch sich weitere Fehlerquellen öffnen. Denn während für den Bestand eines Betriebes, insbesondere seine Sachanlagen, im Marktpreis noch ein einigermaßen sicheres Bewertungskriterium zur Verfügung steht, entzieht sich beispielsweise der good will, der in der Firma liegende innere Wert, weitestgehend exakter Berechnung und muß daher mehr oder weniger überschlägig geschätzt werden. Dasselbe Problem stellt sich, wenn der allgemeine Tätigkeitskreis eines Unternehmens, die Auswirkungen einer eingeleiteten Rationalisierung oder die Aufnahme eines neuen Produktes in das Sortiment bewertet werden soll. Exakte Berechnungen sind dann weitestgehend unmöglich, und jede Schätzung ist mit Unsicherheitsfaktoren belastet — desto stärker, je mehr allgemeine Markttendenzen oder spezielle Marktchancen für bestimmte Produkte in die Bewertung einfließen müssen.

Zum Teil rühren wir hier wieder an ein dogmatisches Problem, an das Problem nämlich, inwieweit auch der *Wert* einer Sache oder einer Unternehmung unter den *Tatsachen*begriff des § 263 fällt und damit Gegenstand der Täuschung sein kann. Rechtsprechung und Lehre üben sich insoweit in Zurückhaltung und wollen nur die — dem Beweis allein zugänglichen[13] — wertbildenden Faktoren, nicht aber den Wert selbst als Gegenstand der Täuschung gelten lassen[14]. Jedoch die Über-

---

[13] RGSt in LZ 1914/181.

gänge sind fließend; auch wird teilweise mit der Täuschung über den Wert einer Sache eine Täuschung über die wertbildenden Faktoren einhergehen. So kann die Erklärung eines Unternehmers, er habe seinen Betrieb rationalisiert, beispielsweise lediglich als Tatsachenbehauptung, aber auch lediglich als Werturteil über bestimmte von ihm getroffene organisatorische Maßnahmen, schließlich als beides, Tatsachenbehauptung und Werturteil, aufgefaßt werden — mit den entsprechenden strafrechtlichen Folgen[15].

Gewichtiger jedoch als dieses dogmatische Problem bleibt das Problem des *Nachweises, daß* die vom Täter bei Abschluß des Kreditvertrages gegebene *Werteinschätzung* oder die Darstellung seiner wirtschaftlichen Situation, die diese Werteinschätzung begründet, *unrichtig* ist[16]. So hat sich in dem zuletzt genannten Beispiel der Nachweis etwa darauf zu erstrecken, daß die eingeleiteten betrieblichen Maßnahmen in Wahrheit gerade keine Rationalisierung darstellten, und zwar entweder weil nachher alles noch schlechter lief als zuvor oder weil einzelnen Verbesserungen im Arbeitsablauf auf der anderen Seite Verschlechterungen gegenüberstanden, die den Wert der Verbesserungen wieder aufhoben. Zu diesem Zweck muß u. U. der gesamte Prozeß der Fertigung vor und nach den angeblichen Rationalisierungsmaßnahmen durchleuchtet werden, Fachleute müssen herangezogen, mit der Aufgabe vertraut gemacht und ihre oft nach Jahr und Tag erstellten Gutachten müssen gewürdigt werden.

Doch selbst wenn diese Würdigung zu dem Ergebnis führt, daß das Rationalisierungsbemühen erfolglos war, ist damit erst die Vorarbeit geleistet für die weitere und entscheidende Frage, ob die eingeleiteten Maßnahmen wenigstens einen Rationalisierungseffekt erwarten lassen konnten, so daß eine Anhebung der Produktion, höhere Gewinne und damit die Fähigkeit zur Darlehensrückzahlung am Fälligkeitstag in greifbare Nähe rückten. Denn die Aufklärung der wirtschaftlichen Situation z. Z. der Kreditaufnahme soll ja nur Grundlage sein für jene *Prognose,* die für die wirtschaftliche Situation im Fälligkeitszeitpunkt aufgestellt wird und auf die es letzthin allein ankommt: ob der Kreditschuldner im Fälligkeitszeitpunkt fähig sein werde, seiner Rück-

---

[14] Vgl. BGHSt bei Dallinger in MDR 1973/18 sowie die in der nächsten Fußnote genannten Entscheidungen. Ferner Lackner, LK-StGB § 263 Rdnr. 13 ff.; Schönke / Schröder / Cramer, StGB § 263 Rdnr. 9; Maurach / Schroeder, BT 1 S. 403 m. w. Nachw.

[15] Die Rechtsprechung hat als Tatsachenbehauptung angesehen beispielsweise die Erklärung, eine Forderung oder Hypothek sei sicher (RGSt in Rspr. 5/395; in LZ 1914/181; RGSt 20/3 [4]), ein *Geschäft gehe gut* (RGSt in Recht 1913 Nr. 3207), ein Unternehmen sei gesund und werde von einer starken Wirtschaftsgruppe gestützt (BGHSt bei Dallinger in MDR 1973/18) u. ä.

[16] Vgl. auch Prot. 7/2749.

zahlungsverpflichtung nachzukommen[17]. Bei dieser Prognose sind u. U. außer dem Rationalisierungsbestreben noch weitere Faktoren zu berücksichtigen, welche auf die Ertragslage des Unternehmens Einfluß gewinnen konnten: etwa die Chancen des Absatzes für eine gesteigerte Produktion, die Solvenz der Abnehmer, gesamtwirtschaftliche Faktoren wie Konsumneigung oder Zinspolitik u. ä. Wiederum sind die Juristen mit dieser Prognose im allgemeinen überfordert. Sie müssen sich abermals der Hilfe von Sachverständigen bedienen, die sich somit nicht nur in die Besonderheiten des einzelnen Betriebes, sondern darüber hinaus eines ganzen Gewerbezweiges mit seinen Chancen und Risiken einzuarbeiten haben, die sich dabei möglicherweise zusätzlich auf Auskünfte und Bewertungen wieder anderer Fachleute stützen müssen, so daß am Ende zwar eine Unzahl einzelner Fakten und Werturteile gesammelt, aber kein juristisch klares Bild gewonnen sein wird.

Insgesamt erweist sich daher bereits das erste Merkmal des Betrugstatbestandes, die „Täuschungshandlung", als Klippe für eine wirkungsvolle Strafverfolgung. Raffiniert vorgehende Täter, die womöglich noch in schwer durchschaubaren wirtschaftlichen Verhältnissen leben, werden — unterstützt durch den Grundsatz in dubio pro reo — unschwer der Strafgewalt entgehen können und in dieser Chance einen Freibrief für Kreditschwindeleien sehen.

b) *Täuschung durch Unterlassen und durch konkludentes Tun*

Die Nachweisschwierigkeiten der Strafverfolgungsbehörden wären wesentlich geringer, wenn man dem Kreditschuldner zum Vorwurf machen könnte, daß er in den Vertragsverhandlungen einzelne negative Faktoren *verschwiegen* habe, die für die Entscheidung des Kreditgebers über seinen Antrag wesentlich sind. Doch insoweit besteht eine dogmatische Sperre, weil nunmehr nicht ein Handeln, sondern ein *Unterlassen* zur Beurteilung ansteht und dessen Bestrafung eine *Rechtspflicht* des Kreditnehmers voraussetzt, dem Kreditgeber auch die für die Beurteilung der Kreditwürdigkeit ungünstigen Tatsachen vollständig mitzuteilen[18]. Kann man eine solche Offenbarung aber juristisch verlangen? Und wenn ja, in welchem Umfang?

---

[17] Es handelt sich hier um eine Bewertung mittels „objektiv-nachträglicher" Prognose. Prognose ist diese Bewertung deshalb, weil sie vom Tatzeitpunkt aus die wirtschaftliche Situation im Zeitpunkt der Fälligkeit des Darlehens bestimmt. Nachträglich ist die Prognose, weil sie im Zeitpunkt der Strafverfolgung aufgestellt wird, also erst dann, wenn man bereits weiß, wie die wirtschaftliche Entwicklung tatsächlich verlaufen ist.

[18] Ob überhaupt und inwieweit Betrug durch Unterlassen möglich ist, ist umstritten. Während die h. M. insoweit die allgemeinen Grundsätze anwendet, wollen Bockelmann, Schmidt-Festschrift S. 437 ff., beim Unterhalten eines Irrtums, Herzberg, S. 74 ff., beim „reinen Schweigen ohne Erklärungswert" Einschränkungen vornehmen und Grünwald, Mayer-Festschrift S. 291,

Man sieht leicht, daß ganz gravierende Interessengegensätze hier aufeinanderstoßen. Während auf der einen Seite der Wunsch des Kreditgewerbes verständlich ist, möglichst umfassend über alle Risikofaktoren informiert zu werden, kann man es auf der anderen Seite dem Kreditsuchenden nicht verdenken, wenn er seine Situation nicht schwärzer malt, als es unbedingt erforderlich ist[19]. Deshalb bedarf es offenbar eines Interessenausgleichs. Und es wäre, wie mir scheint, Aufgabe der *Rechtsprechung* gewesen, diesen Ausgleich zu finden. Doch die Rechtsprechung hat sich zu einer klaren Linie nicht durchringen können[20]. Wenn überhaupt ein Fazit möglich ist, dann lediglich in dem Sinne, daß sie die *Rechtspflicht* des Kreditsuchenden *zur Offenbarung* von Risikofaktoren im ganzen nur *zurückhaltend bejaht* hat.

Beispielsweise hat das Reichsgericht einen Darlehensnehmer nicht für verpflichtet angesehen, den Darlehensgeber von selber über alle Umstände aufzuklären, die für die Beurteilung seiner Kreditwürdigkeit wesentlich sind[21]. Es hat ausgeführt, daß es jedem Beteiligten überlassen bleibe, die Augen aufzumachen und sich über alle Umstände, die für seine Willensentschließung von Bedeutung sind, zu informieren; der Darlehensnehmer jedenfalls habe es nicht nötig, den Darlehensgeber ungefragt auf Tatsachen hinzuweisen, die diesen von der Darlehenshingabe zurückhalten könnten[22]. Der Bundesgerichtshof[23] hat — ebenso wie eine Reihe von Oberlandesgerichten[24] — diese Auffassung für den Kreditkauf von Waren bestätigt. Zwar könne, so heißt es, bei geschäftlichen Vertrauensverhältnissen eine Offenbarungspflicht bestehen, deren Verletzung eine Vorspiegelung falscher Tatsachen durch Unterlassen darstelle; die Anbahnung und der Abschluß eines Kreditkaufs begründeten jedoch im allgemeinen keine Verpflichtung

---

sowie Naucke, S. 106 ff., 214, diese Form der Tatbegehung völlig ausschließen. Kurze, aber zutreffende Widerlegung ihrer Ansichten bei Samson, SK-StGB § 263 Rdnr. 42.

[19] Vgl. dazu im einzelnen Burchardt, S. 52 ff.; Haft in ZStW 88/370.
[20] Vgl. auch Prot. 7/2750.
[21] RGSt 31/208 (210); vgl. auch RGSt 24/216.
[22] RGSt in DStrR 1939/170.
Übereinstimmend die Rechtsprechung im Bürgerlichen Recht, z. B. RGZ in Warn. 1911/360: jeder habe sich über seinen Vertragsgegner und dessen Vermögensverhältnisse selbst Aufklärung zu verschaffen; RGZ in JW 1917/744: es bestehe keine Mitteilungspflicht bezüglich solcher Tatsachen, durch deren Aufklärung man selbst in seiner persönlichen Rechtsstellung geschädigt werde. Ferner OLG 8/471; SeuffArch 67/433; RGZ Bolze 13 Nr. 287.
[23] BGHSt in GA 1965/208: Wer bei bloßen Zweifeln über seine künftige Zahlungsfähigkeit seine Vertragspartner nicht von sich aus auf diese Zweifelhaftigkeit hinweist, unterdrücke (außerhalb eines Vertrauensverhältnisses) keine wahre Tatsache. Ferner BGHSt bei Dallinger in MDR 1968/202.
[24] OLG Schleswig in SchlHA 1953/156 und 1959/155; OLG Köln in JR 1961/433 mit Anm. Schröder sowie in NJW 1967/740 (741); OLG Stuttgart in NJW 1958/1833.

zur ungefragten Offenbarung der Vermögensverhältnisse[25]. Lediglich unter drei Voraussetzungen hat die Rechtsprechung dann doch eine Verpflichtung zur Offenlegung angenommen:

— während der Laufzeit eines Kreditvertrages, wenn der Schuldner die Veränderung seiner Kreditbedingungen (z. B. die Aussetzung der Tilgung) begehrt[26];
— bei einer schon länger bestehenden Vertragsbeziehung mit einem Lieferanten oder Kreditinstitut[27];
— wenn ein besonders hohes Darlehen gewährt werden soll[28].

Zur Begründung des besonderen Vertrauensverhältnisses in diesen Sonderfällen hat sich die Rechtsprechung auf den Grundsatz von *Treu und Glauben* bezogen[29]. Sie hat die Übernahme dieses zunächst für das Zivilrecht anerkannten Grundsatzes[30] ins Strafrecht damit begründet, daß das Gebot, Treu und Glauben zu beobachten, ein das ganze Recht beherrschendes Prinzip sei, daß allerdings, wann ein Verschweigen gegen Treu und Glauben verstoße, nicht nach allgemeinen Regeln, sondern „unter Berücksichtigung der im einzelnen Fall vorliegenden, im Urteil eingehend dazulegenden Gründe" zu entscheiden sei[31].

Der hiergegen insbesondere von Deubner[32] vorgebrachte *Einwand*, ein Rechtsgebot aus Treu und Glauben sei *zu unbestimmt*, als daß es im Strafrecht Gültigkeit haben könne (Art. 103 Abs. 2 GG), ist bereits von Wachinger[33] mit dem Bemerken *widerlegt* worden: Die Überführung der Grundsätze des allgemeinen Handels- und Wirtschaftsverkehrs in das Strafrecht gehe notwendig über generalklauselartige Tatbestandsmerkmale vor sich. Der Richter, der über eine durch Treu und Glauben begründete Offenbarungspflicht zu entscheiden hat, stehe nicht anders da, als wenn von ihm die Erkenntnis verlangt wird, ob zwischen

---

[25] RGSt 31/208 (210); BGHSt bei Herlan in MDR 1955/528 f.; OLG Köln in NJW 1967/740 (741); Lackner, LK-StGB § 263 Rdnr. 59; Maurach / Schroeder, BT 1 S. 407 f.; Bockelmann in ZStW 79/45.
[26] Vgl. Bockelmann in ZStW 79/45 sowie i. Verb. damit BGHSt 6/198 (199).
[27] Vgl. Schönke / Schröder / Cramer, StGB § 263 Rdnr. 20; Maurach / Schroeder, BT 1 S. 408; BGHSt in GA 1965/208.
[28] Vgl. BGHSt in GA 1967/94; ferner OLG Hamburg in NJW 1969/335 (336).
[29] Vgl. auch § 266: „... kraft eines Treueverhältnisses obliegende Pflicht, fremde Vermögensinteressen ... zu betreuen."
[30] Und zwar im Zusammenhang mit der arglistigen Täuschung nach § 123 BGB. Vgl. etwa RGZ 62/149; 69/15; 77/314; 111/233 u. ö.
[31] So grundlegend RGSt 70/151 (156). Das Reichsgericht läßt offen, wie man die „im einzelnen Fall vorliegenden ... Umstände" zu bewerten habe, wenn hierfür keine allgemeinen Regeln bestehen. Schönke / Schröder / Cramer, StGB § 263 Rdnr. 21 stellen immerhin auf die Verkehrsanschauung als Regulativ ab.
[32] Deubner in NJW 1969/623.
[33] Wachinger in GS 102/382. Übereinstimmend Burchardt, S. 32.

Leistung und Gegenleistung ein „auffälliges Mißverhältnis" i. S. des § 302 a besteht oder ob — um auf den Sonderfall des Kreditbetruges vorzugreifen — die Verschlechterung in den wirtschaftlichen Verhältnissen des Kreditnehmers für die Entscheidung über einen Kreditantrag „erheblich" ist (§ 265 b Abs. 1 Nr. 2 StGB).

Deshalb bestehen gegen die Rechtspflicht aus Treu und Glauben aus dem Bestimmtheitsgebot des Art. 103 Abs. 2 GG m. E. keine durchgreifenden Bedenken. Der *Mangel* dieser Rechtspflicht für die Bekämpfung des Kreditbetrugs *liegt* vielmehr *im kriminalpolitischen Bereich:* sie reicht nicht aus, um alle für einen wirksamen Schutz des Kreditgewerbes nötigen Offenbarungspflichten zu begründen. Da es aber — aus hier nicht darzulegenden Gründen — kaum erstrebenswert wäre, die Rechtspflicht erheblich weiter zu erstrecken, als es die Rechtsprechung bereits getan hat, ist insgesamt die Möglichkeit einer Bestrafung wegen Betrugs durch Unterlassen keine wesentliche Hilfe bei der Bekämpfung von Kreditbetrügereien.

Dieses Ergebnis ist gewiß unbefriedigend. Um es zu vermeiden, hat die Rechtsprechung sich deshalb noch einer anderen dogmatischen Konstruktion bedient: sie hat den Strafbarkeitsbereich des Betrugs dadurch in die Vertragsbeziehung der Parteien hinein vorgeschoben, daß sie in einer Reihe von Fällen das Schweigen des Kreditsuchenden als hinreichend beredt ansah, um es als *konkludentes*, also positives *Tun* unter den Handlungsbegriff zu ziehen[34]. Beispielhaft zitiert sei eine Entscheidung des OLG Köln[35], worin es heißt:

„Wer sich als Kreditkäufer Waren liefern läßt gegen das Versprechen, sie zu einem späteren Zeitpunkt zu bezahlen, ... erklärt schlüssig seine bereits jetzt vorhandene Absicht, am Verfallstage zu leisten, und seine Annahme hierzu in der Lage zu sein."

Doch mit dieser dogmatischen Finesse werden nun wieder die alten Beweisschwierigkeiten virulent. Denn selbst wenn man dem Schweigen

---

[34] Insbesondere die frühere Instanzrechtsprechung (vgl. RGSt 25/95 [95 f.]; 26/28 [29 f.]; 29/35 [37]) ging hierbei offenbar bedenklich weit, was kriminalpolitisch verständlich ist, da das Reichsgericht früher Treu und Glauben nicht als Grund für die Entstehung einer Rechtspflicht ansah. Zur heutigen Rechtslage vgl. Maurach / Schroeder, BT 1 S. 405 f.

[35] OLG Köln in NJW 1967/741. Vgl. ferner RGSt in LZ 1917/141 Nr. 15; in HRR 1936/1691; in DR 1943/74; BGHSt in NJW 1954/1414 (1415): „Wer eine vertragliche Verpflichtung übernimmt, behauptet damit, selbst wenn er es nicht ausdrücklich erklärt, ohne weiteres, er sei ernstlich und unbedingt gewillt, sie zu erfüllen; wird ihm hierzu eine Frist gewährt, insbesondere Kredit eingeräumt, so liegt in dem Versprechen, den Vertrag zu erfüllen, zwar nicht immer die Behauptung gegenwärtiger Zahlungsfähigkeit, wohl aber die Erklärung, die gegenwärtigen Verhältnisse des Schuldners stünden der vereinbarten Erfüllung des Vertrages nicht im Wege." OLG Schleswig in GA 1954/285; OLG Stuttgart in NJW 1958/1833; OLG Braunschweig in NJW 1959/2175. Ferner Schönke / Schröder / Cramer, StGB § 263 Rdnr. 15; Sauer, aaO. S. 78; Maurach / Schroeder, BT 1 S. 406; Lackner, LK-StGB § 263 Rdnr. 34.

des Schuldners die erklärte Absicht entnehmen kann, am Verfallstage zu leisten, und überdies die erklärte Annahme, hierzu in der Lage zu sein, ist damit doch für den *Beweis,* daß er beides, Absicht und Annahme, nicht wirklich besessen habe, nichts gewonnen. Als Angeklagter jedenfalls wird er jede Täuschungsabsicht leugnen[36] und bestenfalls auf Vorhalt gewisse Zweifel an seiner Zahlungsfähigkeit am Verfallstage zugestehen. Reicht aber wenigstens dieses Zugeständnis für eine Verurteilung wegen Betruges aus? Das OLG Köln hat differenzierend entschieden[37] je nach dem Gewicht, welches der Angeklagte selbst seinen Zweifeln beigemessen hat. Es hat nämlich zur Abgrenzung jene Gesichtspunkte herangezogen, „die der Abgrenzung von bedingtem Vorsatz und bewußter Fahrlässigkeit dienen": Vertraute der Täter trotz einiger Zweifel darauf, er werde künftig zahlen können, dann sei er grundsätzlich auch zahlungswillig gewesen und bleibe folglich nunmehr straffrei; rechnete er dagegen mit seiner Zahlungsunfähigkeit, habe es ihm am Zahlungswillen gefehlt und seiner Bestrafung wegen Betruges stehe nun nichts mehr im Wege.

Indessen merken wir, daß nunmehr einesteils — hinsichtlich der „Absicht, am Verfallstag zu leisten" — die Problematik sich wieder auf die Täuschung über den Zahlungswillen zurückverschiebt und andernteils — hinsichtlich der „Annahme, hierzu in der Lage zu sein" — die Grenze zwischen dem Zahlungswillen des Täters als innerer Tatsache des objektiven Tatbestandes und dem Betrugsvorsatz als Merkmal des subjektiven Tatbestandes (vgl. dazu unten 5) ins Wanken gerät[38]. Wir gelangen deshalb offenbar in die Gefahr, uns mit unserer Argumentation im Kreise zu drehen oder aber ihre Möglichkeiten zu überschreiten, ohne daß sich eine kriminalpolitisch befriedigende Lösung abzeichnete. Darum verlassen wir nunmehr den Bereich der Täuschungshandlung, um uns dem Bereich der Irrtumserregung zuzuwenden.

---

[36] Eine besonders schlechte Vermögenslage z. Z. des Kreditantrags wird allenfalls als Indiz für mangelnden Zahlungswillen anzusehen sein (vgl. OLG Stuttgart in NJW 1958/1833).

[37] Insoweit gradliniger BGHSt bei Herlan in MDR 1955/528.

[38] Vgl. dazu auch oben FN 12. — Ein besonderes Verhältnis zwischen Zahlungswillen und Betrugsvorsatz haben bereits RGSt 30/334 (336) und OLG Celle in GA 1957/220 angenommen: „Von dem Vorhandensein der eigenen Absicht hat der Täter entweder die bestimmte Kenntnis oder er hat sie nicht. Für einen dolus eventualis ist in einem solchen Fall aus Gründen der Logik kein Raum." Mittelbar aber sehen die Gerichte gleichwohl auch den dolus eventualis erfaßt; denn der Kreditkäufer verspreche „seinen ernstlichen und unbedingten Zahlungswillen", und dieser Wille werde auch dann vorgespiegelt, wenn der Kreditkäufer es dem Zufall überlassen wolle, ob er werde zahlen können oder nicht.

2. Die Irrtumserregung

Das zweite Merkmal des Betrugstatbestandes setzt der Bestrafung wegen Kreditbetruges sowohl materiell-rechtlich als auch prozessual weit geringere Widerstände entgegen als das Merkmal der Täuschung. Dennoch ist auch insoweit die Rechtsanwendung nicht etwa problemlos. Wiederum allerdings finden wir die gewichtigeren Probleme nicht im materiell-rechtlichen als vielmehr im prozessualen Bereich.

Materiell-rechtlich ausgeschieden werden durch das Merkmal der Irrtumserregung zunächst einige Fälle, die schon dem Alltagsverständnis keine Beispiele betrügerischen Handelns sind. So etwa, wenn der Angestellte einer Bank sich zur Kreditgewährung nicht durch die Täuschung eines Kunden über seine gegenwärtigen Vermögensverhältnisse, sondern durch die — allerdings genauso irrige — Erwartung bestimmen läßt, daß diese Vermögensverhältnisse sich alsbald bessern würden[39]. Hier begeht der Kunde, der den von ihm gewollten Irrtum nicht erregt, den von ihm erregten Irrtum aber nicht gewollt hat, lediglich einen versuchten Betrug (§§ 263, 22, 23)[40]. Insofern besteht kein Problem.

Ist dagegen die Täuschung zwar in der gewollten Weise wirksam geworden, hätte aber der Angestellte auch in Kenntnis der wahren Sachlage den Kredit bewilligt — etwa weil er in diesem Fall auf eine Besserung in den Verhältnissen des ihm als tüchtig bekannten Kunden vertraut hätte —, dann steht die Irrtumserregung i. S. des Betrugstatbestandes außer Frage; es ist dann lediglich ein Problem der Kausalität, ob die nachfolgende Vermögensverfügung, d. h. die Kredithingabe, durch die Falschangaben des Kunden verursacht worden ist. Darüber wird später zu sprechen sein (s. unten 3).

Außer Frage steht die Irrtumserregung auch dann, wenn der den Kredit gewährende Sachbearbeiter schuldhaft Obliegenheiten verletzt hat: wenn er etwa die Angaben des Kreditsuchenden für bare Münze genommen hat, obwohl er bei einiger Aufmerksamkeit ihre Unwahrheit hätte leicht erkennen können. Die primitive Lüge ist für das Strafrecht genauso Grundlage einer Bestrafung wie die raffinierte[41]! Nur wenn nicht die Lüge, sondern z. B. allein der gute Leumund oder das hohe Ansehen, dessen sich der Kreditsuchende allgemein oder in einem bestimmten Kreis von Geschäftsleuten erfreute, den Irrtum hervor-

---

[39] Vgl. Bockelmann in ZStW 79/41.

[40] Darüber hinaus macht sich der Angestellte einer Untreue (§ 266) gegenüber seiner Bank schuldig, wenn er entweder eine ihm ausdrücklich erteilte Weisung überschritten oder bewußt auf die Gefahr hin gehandelt hat, daß seinem Institut durch die Kreditgewährung ein Schaden entstehen werde. Im einzelnen vgl. Bockelmann in ZStW 79/55 f.; BGHSt in NJW 1955/508.

[41] Dazu Amelung in GA 1977/9.

rief, dann fehlt es an dessen Erregung durch Täuschung und damit am Betrug. Im übrigen ist dem Strafrecht ein „mitwirkendes Verschulden" als Maßstab für eine Haftungsbegrenzung — im Gegensatz zum Zivilrecht[42] — unbekannt. Allenfalls bei der Strafzumessung hält es dem Täter zugute, daß die Geschädigten ihm seine Betrügereien durch ihre Sorgfaltslosigkeit allzu leicht gemacht haben[43].

Was die gewichtigeren *prozessualen* Schwierigkeiten anbelangt, so entstehen sie beim *Nachweis* der Irrtumserregung, vor allem anläßlich der Gewährung von Kleinkrediten. Der Kreditsachbearbeiter, der tagtäglich mit derlei Fällen befaßt ist, wird sich, wenn es zum Schwur kommt, an Einzelheiten der Kreditverhandlungen oft nicht mehr klar erinnern und infolgedessen auch auf richterliches Befragen nicht mehr sicher angeben können, inwieweit seinerzeit die falschen Behauptungen des Angeklagten bei der Entscheidung über den Kreditantrag eine Rolle spielten. Insofern besteht scheinbar eine Schutzlücke gegenüber einem Angeklagten, der gerade diese menschlich-allzumenschliche Erinnerungsschwäche sich zunutze machen will, indem er den Kreditsachbearbeiter einer oberflächlichen Behandlung seines Antrags bezichtigt und daraus die Folge herleitet, dieser habe seine falschen Angaben gar nicht zur Kenntnis genommen, jedenfalls seiner Entscheidung nicht zugrunde gelegt. — Indessen hat einer solchen bequemen Verteidigung die Rechtsprechung einen Riegel vorgeschoben, indem sie dem Tatrichter gestattet, von der Pflicht eines Sachbearbeiters, sich die Kenntnis von Tatsachen zu verschaffen und diese bei seiner Entscheidung zu berücksichtigen, auf die Erfüllung dieser Pflicht zu schließen[44]. Auf unser Beispiel angewandt: sie gestattet, von der generellen Pflicht des Kreditsachbearbeiters zur vollständigen Überprüfung der Kreditunterlagen auf die Erfüllung dieser Pflicht im Einzelfall und damit von der Täuschungshandlung des Kreditsuchenden auf die Irrtumserregung beim Kreditgewährenden zu schließen. Das Problem ist damit gelöst.

Allerdings fragt es sich, ob sich die Rechtsprechung hier nicht zu weit vom Grundsatz in dubio pro reo entfernt hat? Bedenken sind insoweit bereits geäußert worden[45]. Mir scheint jedoch, daß man im Strafprozeß den erfahrungsmäßigen Schluß vom Bestehen einer Pflicht auf ihre Erfüllung weder faktisch verhindern kann noch juristisch verbieten soll, sofern man den Tatrichter nur zwingt, über der generellen

---

[42] Vgl. dazu § 254 BGB.
[43] Vgl. Dreher / Tröndle, StGB § 46 Rdnr. 34.
[44] Vgl. dazu u. a. die Entscheidungen BGHSt 2/326; 24/260 und 386. Ferner (jeweils mit weiteren Schrifttumsnachweisen) Giehring in GA 1973/1 ff.; Amelung in GA 1977/1 ff.; Lackner, LK-StGB § 263 Rdnr. 77; Lampe in GA 1975/4 f.
[45] Außer den in FN 44 Genannten vgl. auch Groß in NJW 1973/600 ff.; Samson, SK-StGB § 263 Rdnr. 59 ff.

Erfahrungsregel nicht die *Besonderheiten des konkreten Falles* aus den Augen zu verlieren. Der Tatrichter muß m. E. stets erkunden, ob der in concreto Verpflichtete seine Pflicht wenigstens *wahrscheinlich* erfüllt, im besonderen Falle also der Kreditsachbearbeiter sich wenigstens *wahrscheinlich* an seine Prüfungsrichtlinien gehalten hat. Kommt nämlich diese Überprüfung zu einem negativen Ergebnis, können Unregelmäßigkeiten oder Schlampigkeiten aufgedeckt werden, die bei der Kreditbearbeitung unterlaufen sind, dann versagt m. E. der Schluß vom Sollen aufs Sein. Dann besteht die nicht nur ganz fern liegende Möglichkeit, daß im konkreten Falle es zu keiner Irrtumserregung gekommen ist. Und damit ergibt sich dann für den Tatrichter wieder die Notwendigkeit, den vollen empirischen Beweis zu führen: daß das zweite Merkmal des Betrugstatbestandes ebenso erfüllt ist wie das erste.

3. Die Vermögensverfügung

Das (ungeschriebene) Merkmal der Vermögensverfügung hat erstens die Aufgabe, zwischen der Irrtumserregung (dazu oben 2) und der Vermögensbeschädigung (dazu unten 4) eine *Kausalbeziehung* herzustellen[46]. Zweitens soll es die Kausalbeziehung des näheren als *Handlung des Irrenden* kennzeichnen[47]. Und drittens obliegt es ihm, die *Berechtigung* des Irrenden zu seiner Handlung zu postulieren, also die Vermögensverfügung eines Nichtberechtigten aus dem Tatbestand auszuscheiden[48]; insofern sollte man allerdings lieber vom Erfordernis einer „Vermögensverfügung des Berechtigten" sprechen.

---

[46] RGSt 47/151 (152 f.); 49/16 (19); 64/226 (228).

[47] Im allgemeinen wird zusätzlich gefordert, daß die Handlung des Irrenden die Vermögensminderung zur „unmittelbaren" Folge haben müsse (BGHSt 14/170 [171]; in GA 1966/212 [213]; Lackner, LK-StGB § 263 Rdnr. 90, 93; Schönke / Schröder / Cramer, StGB § 263 Rdnr. 61; Dreher / Tröndle, StGB § 263 Rdnr. 26; kritisch dazu Backmann, aaO. S. 68 f.). Insofern handelt es sich indessen m. E. um ein Konkurrenzproblem. Führt nämlich die Vermögensverfügung den Vermögensschaden nicht „unmittelbar" herbei, bedarf es hierfür vielmehr eines zusätzlichen deliktischen Aktes des Täters und nimmt der Täter diesen Akt anschließend vor, dann tritt die Verwirklichung des Betrugstatbestandes in der Form einer Vermögensgefährdung hinter die Verletzung des Vermögens durch den neuen deliktischen Eingriff (z. B. durch den Diebstahl) als subsidiär zurück (vgl. auch Arzt, BT, LH 3 S. 128).
Äußerst strittig ist, ob der Verfügende den vermögensmindernden Charakter seiner Handlung erkannt haben muß. Hiergegen insbesondere BGHSt 14/170 (172); 19/37 (45); Dreher / Tröndle, StGB § 263 Rdnr. 24; Lackner, LK-StGB § 263 Rdnr. 89; Schönke / Schröder / Cramer, StGB § 263 Rdnr. 42.

[48] Zum Streitstand, insbesondere zur sog. „Lagertheorie" (BGHSt 18/221 [223 f.]; OLG Stuttgart in JZ 1966/319 m. Anm. Lenckner in JZ 1966/320 f.; Lackner, LK-StGB § 263 Rdnr. 101 f.; Schönke / Schröder / Cramer, StGB § 263 Rdnr. 46 a) und zur Theorie der rechtlichen Befugnis (Otto in ZStW 79/84 f.; Schünemann in GA 1969/53; Samson, SK-StGB § 263 Rdnr. 93 f.) vgl. die Darstellung bei Backmann, aaO. S. 127 ff.

Probleme beim Kreditbetrug entstehen vor allem im ersten Bereich, dem der *Kausalität*. Zur Darstellung sei angeknüpft an den bereits oben erwähnten Fall, daß der Sachbearbeiter eines Kreditinstituts einerseits zwar durch Täuschung zur Gewährung eines Kredits veranlaßt wurde, andererseits sich aber auch feststellen oder nicht ausschließen läßt, daß er den Kredit in Kenntnis der wahren Sachlage ebenso bewilligt hätte. Die traditionelle Kausallehre, die eine Handlung nur dann als für einen Erfolg kausal erklärt, wenn sie nicht hinweggedacht werden kann, ohne daß der Erfolg entfiele[49], muß Täuschungshandlung und Irrtumserregung hier an sich als Kausalfaktoren der Vermögensschädigung ausscheiden; denn beide können (sicher oder wahrscheinlich) hinweggedacht werden, ohne daß die Kreditbewilligung entfiele[50]. Gleichwohl kommt die Rechtsprechung[51] zur Bestrafung wegen Betruges. Sie stellt, bei grundsätzlicher Beibehaltung der Kausalitätsformel, hier ausnahmsweise auf den tatsächlich wirksam gewordenen Ursachenverlauf, also darauf ab, daß der Schaden tatsächlich durch Täuschung und Irrtumserregung hervorgerufen worden ist, und läßt die hypothetische Situation, daß der Verfügende auch in Kenntnis der wahren Sachlage den Kredit bewilligt hätte, unberücksichtigt. M. a. W. kommt es ihr beim Betrug allein darauf an, daß der Sachbearbeiter *im* Irrtum, nicht auch daß er *infolge* des Irrtums den Kredit bewilligt hat — daß er bei Kenntnis der wahren Sachlage mithin dieselbe Entscheidung aus einem anderen Motiv heraus getroffen hätte.

Eine Kritik dieser Rechtsprechung würde zu weitläufig werden. Sie müßte sich insbesondere des gesamten Kausaldogmas bemächtigen und fragen, ob das Abstellen auf Denkzusammenhänge statt auf Sachzusammenhänge und die dadurch bedingte Berücksichtigung hypothetischer Erfolgsursachen nicht insgesamt zu einer Verzerrung der Haftungsbedingungen im strafrechtlichen Bereich führt[52]. Im Ergebnis ist der Ansicht der Rechstprechung uneingeschränkt zuzustimmen.

Neben der „Berechtigung" fordert das Reichsgericht in RGSt 49/16 (19) auch die faktische Verfügungsgewalt, gibt diesen Standpunkt aber in RGSt 64/226 (228) wenigstens teilweise wieder auf.

[49] RGSt 44/230 (244); 76/82 (87); BGHSt 2/20 (24).

[50] Vgl. allerdings BGHSt 2/20 (24): „Eine Handlung kann auch dann nicht hinweggedacht werden, ohne daß der Erfolg entfiele, wenn die Möglichkeit oder Wahrscheinlichkeit besteht, daß ohne die Handlung des Täters ein anderer eine — in Wirklichkeit jedoch nicht geschehene — Handlung vorgenommen hätte, die ebenfalls den Erfolg herbeigeführt haben würde." Dies ist denklogisch nicht ganz korrekt.

[51] BGHSt 13/13 f. mit der Begründung, der tatsächliche Verlauf der Willenserklärung verliere sein Dasein und seine rechtliche Bedeutung nicht dadurch, daß an seine Stelle ein anderer getreten wäre, aber nicht getreten ist. Eingehend dazu Engisch in v. Weber-Festschrift S. 247 ff.

[52] Dazu Samson, Hypothetische Kausalverläufe, S. 86 ff.

Als *Handlung* erfüllen das Merkmal der Vermögensverfügung nach ganz h. A.[53] alle Arten sowohl des Tuns als auch des Unterlassens, sofern hierdurch der Vermögensbestand einer Person verändert wird[54]. Für den Kreditbetrug bedeutet das: Zum einen ist nicht nur die Gewährung eines Kredits, sondern auch schon die Kreditzusage, die Stundung der Rückzahlungsverpflichtung, die Tilgungsstreckung, kurzum alles, was den wirtschaftlichen Erfolg des Kreditgeschäfts verändert, als Vermögensverfügung durch positives Tun anzusehen. Zum andern stellen aber auch die (zeitweilige) Nichtrückforderung des Kredits und die Nichtgeltendmachung von Verzugsfolgen Vermögensverfügungen dar, die durch Unterlassen begangen werden. Die Praxis kennt hier keine Probleme.

Problemlos ist schließlich auch das Merkmal der *Verfügungsberechtigung* im Rahmen des Kreditbetruges, da Kredite wirksam nur von den berechtigten Personen bewilligt werden können, der gutgläubige Erwerb einer Kreditforderung aufgrund der Verfügung eines Nichtberechtigten also als Schadensgrund ausscheidet. — Sonderprobleme bestehen beim Wechsel- und beim Scheckbetrug; sie treten indessen so selten auf, daß wir sie nicht zu behandeln brauchen.

4. Der Vermögensschaden

Die Vermögensverfügung, muß, wie erwähnt, einen Vermögensschaden zur Folge haben. Wann kommt es beim Kreditbetrug zum Schaden?

Sicher entsteht der Schaden nicht erst durch die Nichtrückzahlung des Kredits. Denn diese gibt zwar meistens „den Anlaß, die Betrugsfrage zu stellen", aber sie „liefert nicht den Grund, aus dem sie bejaht werden dürfte"[55]. Der Kreditbetrug ist vielmehr ein sog. *Eingehungsbetrug*, bei dem bereits die vertragliche Begründung der Vorleistungspflicht — bzw., was einen kleinen, sogleich noch zu erörternden Unter-

---

[53] a. A. hinsichtlich der Möglichkeit einer Vermögensverfügung durch Unterlassen lediglich Naucke, S. 215.

[54] Terminologisch ist hier freilich manches unklar. Oft wird in der Literatur (im Anschluß an den Erpressungstatbestand des § 253) auch ein „Dulden" der Wegnahme als Vermögensverfügung angesehen, sofern „das Opfer aufgrund des vom Täuschenden erregten Irrtums damit einverstanden ist, daß der Täter die Sache selbst an sich nimmt" (so Schönke / Schröder / Cramer, StGB § 263 Rdnr. 57). In Wahrheit handelt es sich hier um ein (bewußtes) Unterlassen — wie überhaupt die Begriffe des Handelns und des Unterlassens die Gesamtheit des menschlichen Verhaltens abdecken, ohne daß es darüber hinaus eines unklaren Zwischenbegriffs einer willentlichen Duldung bedürfte. Der Begriff „Duldung" sollte daher auf den Bereich beschränkt werden, in dem *willentliches* Verhalten durch Gewaltanwendung gerade *ausgeschlossen* wird (so auch die Rechtsprechung zu § 253 — vgl. insbesondere BGHSt 14/387 [390]).

[55] Bockelmann in ZStW 79/35.

schied bedeutet — die Vorleistung aufgrund der vertraglich begründeten Pflicht den Vermögensschaden herbeiführt.

Zwei Fragen stellen sich demnach in diesem Zusammenhang:
— Auf welchen Zeitpunkt ist die Schadensberechnung beim Kreditbetrug zu fixieren (unten a)?
— Unter welchen Voraussetzungen läßt sich von einer Schädigung des Kreditgebers zu diesem Zeitpunkt sprechen (unten b)?

a) Was die *erste Frage* anbelangt, herrscht Einigkeit, daß spätestens die *Vorleistung des Kreditgebers* den Vermögensschaden begründet. Der Kreditgeber gibt wirtschaftliche Werte — Geld, Waren oder sonstige Leistungen — aus der Hand, ohne dafür mehr als eine Forderung einzuhandeln. Deren Bonität kann folglich allein das Äquivalent für seine Leistungen sein. Fehlt es an der Bonität, so tritt der Schaden unabhängig davon ein, ob der Schuldner schließlich zahlt oder nicht. Um die mangelnde Endgültigkeit des Schadens zu charakterisieren, spricht man in Rechtsprechung und Lehre allerdings lediglich von einer *Vermögensgefährdung* des Kreditgebers; man ist sich aber einig, daß diese rechtlich dem Vermögensschaden gleichsteht[56].

Zweifelhaft ist, ob auch schon der *Abschluß des Kreditvertrages*, das obligatorische Rechtsgeschäft also, eine Vermögensgefährdung enthält, die einem Vermögensschaden gleichsteht. Begründen ließe sich das mit der Erwägung, daß bereits der obligatorische Vertrag das Vermögen des Kreditgebers mit einer Verpflichtung belaste, der kein wirtschaftlich gleichwertiger Anspruch gegen den Kreditnehmer gegenüberstehe. Hierzu ist vorab zu bemerken, daß ganz allgemein die Rechtsprechung und überwiegend die Lehre einer *rein wirtschaftlichen Schadensberechnung* huldigen, wonach jede wirtschaftliche Abwertung eines Vermögens ohne Berücksichtigung etwaiger juristischer Konsequenzen den Schaden im Sinne des Betrugstatbestandes herbeiführt[57]. Diese Ansicht hat an sich zur Folge, daß auch schon der Abschluß eines wirtschaftlich ungünstigen Darlehensvertrages, unabhängig von etwa bestehenden juristischen Anfechtungsmöglichkeiten oder Leistungsverweigerungsrechten, eine Vermögensgefährdung enthält und daß die spätere Erfüllung dieses Vertrages, z. B. durch die Hingabe der Darlehensvaluta, lediglich den bereits eingetretenen Betrugsschaden vertieft, die Bewertung der Tat aber nicht mehr verändert.

---

[56] RGSt 16/1 (10 ff.); BGHSt 15/24 (27); 16/321 (325 f.); 21/384 (385); 22/88 (89); 23/300 (303). Kritisch Lenckner in JZ 1971/320; Lackner, LK-StGB § 263 Rdnr. 143 u. a.

[57] RGSt 44/230; BGHSt 1/262 (264); 3/99 (102); 16/220. Einschränkend RGSt 66/281 (285): „Zum Vermögen gehören alle wirtschaftlichen Belange einer Person, die unter dem Schutze der Rechtsordnung betätigt oder in einem geordneten Verfahren verwirklicht werden können."

Gegen eine solche rein wirtschaftliche Betrachtungsweise sprechen allerdings eine Reihe gewichtiger Gründe. Zur Skepsis ihr gegenüber mahnt insbesondere, daß alle von Rechtsprechung und Lehre gegebenen Definitionen und Begründungen für den wirtschaftlichen Vermögensbegriff Anleihen an juristische Zuordnungskriterien enthalten. So weist etwa die Definition des Vermögens als „Summe der geldwerten Güter einer Person"[58] durch den Genitivus possessivus auf eine (letzthin juristisch geordnete) Besitz- oder Verfügungsgewalt hin. Und die für die Definition gegebene Begründung, daß es kein rechtlich „schutzunwürdiges Vermögen" gebe[59], ist als Prämisse unbrauchbar, weil der noch zu definierende Vermögensbegriff in ihr als bereits definiert vorausgesetzt wird, dafür aber als juristische Folgerung durchaus sinnvoll, wenn eben als Vermögen nur das anerkannt wird, was rechtlich geschützt ist[60]. Damit wäre dann aber einer rein wirtschaftlichen Betrachtung des Vermögensschadens der Boden entzogen[61].

Wir können an dieser Stelle den Streit um den „richtigen" Vermögensbegriff nicht noch weiter vertiefen; wir brauchen es aber auch nicht. Denn gleichgültig, ob in den zitierten Definitionen und Begründungen Ungeschicklichkeiten oder aber dem Ausgangspunkt immanente Widersprüche sichtbar geworden sind — für den *Kreditbetrug* des § 263 hat der Gesetzgeber jüngst selbst zum Ausdruck gebracht, daß er den Schadenseintritt und damit die Vollendung des Delikts nicht schon auf den Abschluß des obligatorischen Vertrages, auf die frühest mögliche Feststellung einer wirtschaftlichen Einbuße also, vorverlagert wissen will. In § 265 b Abs. 2[62] nämlich, beim Kreditbetrugstatbestand i. e. S., sieht er Straffreiheit vor, wenn der Täter „freiwillig verhindert, daß der Kreditgeber aufgrund der Tat die beantragte Leistung erbringt". Diese Regelung[63] ist nur dann *dogmatisch* sinnvoll, wenn vor der Erbringung der beantragten Leistung ein Kreditbetrug nach § 263 noch nicht vollendet ist und die in § 265 b Abs. 2 geregelte „tätige Reue" den Täter nicht nur vor der Strafe des § 265 b, sondern als „Rücktritt vom Versuch" auch von der (u. U. schärferen) Strafe des § 263 befreit.

Aber nicht nur dogmatisch, sondern auch *kriminalpolitisch* erscheint es mir richtig, die Vollendung des Kreditbetrugs nach § 263 erst im

---
[58] RGSt 44/230 (233). Dreher / Tröndle, StGB § 263 Rdnr. 27 und Lackner, LK-StGB § 263 Rdnr. 109, zitieren insoweit ungenau BGHSt 3/102 und 16/221.
[59] BGHSt 8/254 (256); vgl. auch BGHSt 2/364 (365).
[60] So auch RGSt 44/230 (232 ff.).
[61] Eingehend zum Ganzen die Übersicht bei Lackner, LK-StGB § 263 Rdnr. 109 f.
[62] Eine entsprechende Regelung findet sich beim Subventionsbetrug in § 264 Abs. 4.
[63] Im einzelnen zu ihr Dreher / Tröndle, StGB § 265 b Rdnr. 28, § 264 Rdnr. 25 ff.; Schönke / Schröder / Lenckner, StGB § 265 b Rdnr. 49.

Zeitpunkt der Valutierung des Darlehens eintreten zu lassen. Zwar ist anzuerkennen, daß schon durch den Abschluß eines Kreditvertrages mit einem nicht kreditwürdigen Schuldner eine gewisse Vermögensgefährdung eintritt, die bei entsprechender Größe des zugedachten Kredits sogar Rückstellungen veranlassen und dann auch nach außen in Erscheinung treten kann[64]. Dennoch reicht in diesem Stadium der zivilrechtliche Schutz grundsätzlich aus, um den endgültigen Eintritt des Schadens zu verhindern: Der Gläubiger braucht nur sein Darlehensversprechen nach §§ 119 Abs. 2, 123 BGB anzufechten oder — in Sonderfällen — sein Widerrufsrecht nach § 610 BGB auszuüben. Unter diesen Umständen verlangt m. E. die *Subsidiarität des Strafschutzes gegenüber dem zivilrechtlichen Schutz*, daß das Strafrecht einen betrügerisch zugefügten Schaden noch nicht bejaht, sondern den weiteren Lauf der Entwicklung abwartet. Um die Pflichtwidrigkeit des Täters angemessen zu ahnden[65], bleiben ihm ohnehin die erforderlichen Mittel erhalten; hat doch der Täter in diesem Stadium jedenfalls einen Betrugsversuch (§§ 263, 22, 23) begangen, dessentwegen er abgeurteilt werden kann — sofern er nicht (und dies erscheint mir als ein Vorzug der hier vertretenen Ansicht) durch rechtzeitige freiwillige Berichtigung seiner Falschangaben sich nach § 24 Straffreiheit verdient.

b) Wir haben damit den Zeitpunkt festgesetzt, für den die Forderung des Kreditgebers auf ihre Bonität zu überprüfen ist. Nunmehr können wir in die *Prüfung der Bonität* selbst eintreten.

Bei dieser Prüfung spielen jene beiden Faktoren eine Rolle, die schon den Gegenstand der Täuschung bestimmt haben: Einer Forderung fehlt die Bonität, wenn der Schuldner im Fälligkeitszeitpunkt voraussichtlich *nicht zahlungswillig oder nicht zahlungsfähig* sein wird. Daß es gerade hierauf ankommt, brauche ich nur kurz zu begründen, weil es sich nach dem bereits Ausgeführten nahezu von selbst versteht:

Fehlt der *Zahlungswille*, will also der Schuldner das erlangte Darlehen nicht oder erst mit erheblicher Verspätung zurückzahlen, dann ist die Forderung regelmäßig als dubios anzusehen. Lediglich in Ausnahmefällen wird man dann eine Vermögensgefährdung des Kreditgebers doch noch verneinen können — so etwa wenn seine *Sicherheiten* (Hypotheken, Bürgschaften, Sicherungsübereignungen) ohne weiteres ausreichen, um ihm Befriedigung zu gewähren, und er sie auch ohne weiteres verwerten kann[66].

---

[64] Vgl. Goldschmidt in ZStW 48/160; Bockelmann in ZStW 79/40.
[65] Dazu BGHSt 2/364 (365).
[66] Vgl. dazu BGHSt 15/24 ff. und kritisch Bockelmann in NJW 1961/145; ferner Gutmann in MDR 1963/8.
Der zahlungsunwillige Schuldner wird i. d. R. alle Mittel ausschöpfen, um die Befriedigung seines Gläubigers aus den gewährten Sicherheiten zu ver-

Häufiger als der fehlende Zahlungswille wird die mangelnde *Zahlungsfähigkeit* des Schuldners der Grund für die Vermögensgefährdung des Kreditgebers sein. Dabei kommt es, wie nochmals betont sei, nicht auf die tatsächliche, sondern auf die voraussichtliche Zahlungsunfähigkeit des Schuldners an. Um sie festzustellen, ist die „nachträgliche Prognose" erforderlich, ob es bei dem zu erwartenden Gang der Geschäfte für den Schuldner möglich erschien, den Kredit vereinbarungsgemäß zurückzuführen und die vereinbarten Zinsen zu zahlen. Der Beurteiler muß sich also auf den Zeitpunkt der Darlehensgewährung gedanklich zurückversetzen und von da aus entscheiden, ob die Vermögensverhältnisse des Kreditnehmers die Voraussage gestatteten, daß es bei durchschnittlich sorgfältiger Wirtschaftsführung zu keiner ernstlichen Gefährdung des Kredits kommen werde. Fällt diese Prognose negativ aus, war also vom damaligen Standpunkt aus mit der Zahlungsunfähigkeit des Schuldners im Fälligkeitszeitpunkt zu rechnen, dann ist das Vermögen des Kreditgebers gefährdet — ohne daß es weiterhin noch darauf ankäme, ob der Schuldner schließlich zahlt oder nicht.

Weit mehr als bei Zahlungsunwilligkeit hängt bei voraussichtlicher Zahlungsunfähigkeit die Vermögensgefährdung allerdings auch von dem Wert der dem Gläubiger zur Verfügung stehenden *Sicherheiten* ab. Deckt dieser Wert den Kredit — auch bei Berücksichtigung des Verwertungsrisikos — ab, dann entfällt für den Gläubiger die Gefahr, und ein vollendeter Betrug liegt dann nicht vor[67].

Praktisch wird diese Einschränkung allerdings hauptsächlich bei Darlehensforderungen von Banken und anderen Kreditinstituten; denn hauptsächlich sie können sich bei den Kreditverhandlungen infolge ihrer starken Stellung gegenüber dem Kreditnehmer soviel an Sicherheiten ausbedingen, wie ihnen erforderlich erscheint: Hypotheken, Grundschulden, Sicherungsübereignungen und Abtretungen von Kundenforderungen stehen insoweit im Vordergrund. Schlechter dran sind im allgemeinen die Lieferanten, die ihre Ware auf Kredit verkaufen. Ihr Eigentumsvorbehalt ist gegenüber einem dolosen Schuldner meist wirkungslos, und weitere Sicherheiten können sie sich in der Regel nicht ausbedingen, weil sie als Anbieter auf dem Markt dem Konkurrenzdruck ausgesetzt sind.

---

eiteln oder wenigstens zu erschweren. Es besteht somit i. d. R. die Gefahr, daß sich die Erfüllung verzögert und daß der Gläubiger wegen des dadurch eingetretenen weiteren Schadens nicht mehr hinreichend gesichert ist. Das Vorhandensein von Sicherheiten wird bei einem zahlungsunwilligen Schuldner daher nur dann zum Ausschluß einer Vermögensgefährdung führen können, wenn die Sicherheiten vom Gläubiger selbst ohne Gefährdung durch den Schuldner alsbald nach Fälligkeit zu verwerten sind (dazu Bockelmann in ZStW 79/38; Lackner, LK-StGB § 263 Rdnr. 206).

[67] BGHSt in GA 1966/51; Lackner, LK-StGB § 263 Rdnr. 207 m. w. Nachw.

Daß im übrigen sich auch beim *Nachweis* des Betrugsschadens die bei der Täuschungshandlung bereits geschilderten Beweisprobleme wiederholen, ist selbstverständlich.

Deshalb erweist sich der Betrugstatbestand auch im Bereich der Vermögensschädigung als ein *für die Bekämpfung von Kreditbetrügereien wenig wirksames Instrument*.

5. Vorsatz

Zu den bisher genannten *Beweisschwierigkeiten* im objektiven Tatbestand des Betruges treten diejenigen hinzu, die sich der Praxis beim Nachweis des Betrugs*vorsatzes* stellen.

Lediglich was den Vorsatz *mangelnder Zahlungswilligkeit* anbelangt, entstehen zu den bereits geschilderten Beweisproblemen keine neuen. Denn wenn dem Kreditschuldner mangelnder Zahlungswille nachgewiesen werden kann, dann ergibt sich daraus gleichsam von selbst auch sein Vorsatz, den Kreditgeber über die Bonität der Forderung zu täuschen und ihn zu schädigen[68].

Dagegen bereitet es erhebliche neue Schwierigkeiten, den Vorsatz *mangelnder Zahlungsfähigkeit* nachzuweisen. Der Beschuldigte wird sich im allgemeinen damit verteidigen: daß er seine finanzielle Situation falsch eingeschätzt habe; daß nach seiner Vorstellung und den von ihm getroffenen Veranstaltungen die Forderung des Kreditgebers zu keiner Zeit gefährdet gewesen sei; daß einzig und allein überraschende, für ihn unvorhersehbare Ereignisse die Rückzahlung des Darlehens unmöglich gemacht hätten, usw.[69]. — Diese Einlassungen kann das Gericht zwar dann noch einigermaßen zuverlässig widerlegen, wenn der Täter in seinem Kreditantrag nicht vorhandene Aktiva angegeben oder vorhandene Passiva verschwiegen und damit einen falschen Eindruck von seiner Vermögensmasse erweckt hatte. Der Nachweis nämlich, daß der Täter dies bewußt tat, liegt im allgemeinen ebenso nahe wie der, was ihn dazu veranlaßte[70]. Geht es dagegen nicht um die Quantität, sondern um die Qualität der Aktiven und

---

[68] Siehe dazu im übrigen oben FN 42.
[69] Vgl. auch BT-Drucks. 7/3441 S. 18.
[70] Anders z. T. die Begründung in BT-Drucks. 7/3441 S. 18: Nach den Erfahrungen der Strafverfolgungspraxis sei kaum zu widerlegen die Einlassung des Beschuldigten, „er habe zwar in bestimmter Beziehung bewußt über seinen Vermögensstand getäuscht, eine Vermögensgefährdung auf seiten des Kreditgebers sei jedoch gleichwohl nicht eingetreten, da die Vermögensverhältnisse des Kreditnehmers in anderen, von der Täuschung nicht berührten Beziehungen nach seiner Überzeugung überdurchschnittlich günstig gewesen seien". M. E. wird gerade eine solche Einlassung leicht als Schutzbehauptung zu widerlegen sein. Eine Quelle für die „Erfahrungen der Strafverfolgungspraxis" ist im übrigen nicht ersichtlich.

Passiven, um ein Problem also, über das sich u. U. auch die Sachverständigen in die Haare geraten können, dann besitzt das Gericht gegenüber einem auf seiner Gutgläubigkeit beharrenden Beschuldigten kaum stichhaltige Beweismittel[71]. Zwar mag es ihm dann unwahrscheinlich erscheinen, daß der Beschuldigte das Opfer einer so groben Selbsttäuschung geworden ist; doch stehen ihm Fakten, welche die Selbsttäuschung als bloße Schutzbehauptung dekuvrieren, im allgemeinen kaum zur Verfügung[72]. Zwar kann es dann den übersteigerten Glauben an den Wert des eigenen Unternehmens, an die eigene Tüchtigkeit und an eine wirtschaftlich rosige Zukunft als sträflichen Leichtsinn bewerten; aber mit dieser Bewertung ist für den Nachweis des strafbaren Betrugsvorsatzes natürlich nichts gewonnen[73]. — Und noch eins ist zu bedenken: Viele Kreditnehmer glauben tatsächlich, daß eine Finanzspritze ihnen plötzlich jene wirtschaftliche Bewegungsfreiheit geben werde, die sie als hinreichende Bedingung für einen Erfolg ihrer wirtschaftlichen Unternehmungen ansehen. Sie besitzen den vom Gesetz geforderten Vorsatz der Schädigung also tatsächlich nicht. Daher scheidet bei ihnen der Betrugstatbestand nicht nur aus Gründen des Nachweises, sondern auch aus materiell-rechtlichen Gründen als Strafbarkeitsgrundlage aus[74].

Ganz entsprechend ist die Sachlage bei den vom Schuldner geleisteten *Sicherheiten.* Ob z. B. eine Hypothek Sicherheit für einen Kredit von 500 000 DM oder nur von 100 000 DM bietet, hängt von dem Wert des belasteten Grundstücks, dieser aber wiederum von einer möglicherweise in Aussicht gestellten, aber noch nicht erteilten Baugenehmigung ab. Für den Betrugsvorsatz ist daher entscheidend, ob der Täter überzeugt war, diese Genehmigung zu erhalten. Besaß er hierfür konkrete Anhaltspunkte, so wird ein Schädigungsvorsatz gegenüber seinem Kreditgeber zuallermeist schwer nachweisbar sein, oft aber auch tatsächlich fehlen. Ein Strafverfahren wegen Betruges besitzt deswegen wenig Aussicht auf Erfolg[75].

---

[71] Tagungsberichte Bd. V Anl. 3 S. 14; Prot. 7/2749.

[72] Insbesondere wenn innerhalb eines Betriebes Arbeitsteilung herrscht und jeder sich hinter Nichtzuständigkeit und Nichtwissen verschanzt (vgl. Prot. 7/2765).

[73] BT-Drucks. 7/3441 S. 18; Tiedemann in Prot. 7/2472; Blei in Prot. 7/2505; Beratungen Prot. 7/2743; Bericht des Sonderausschusses BT-Drucks. 7/5291 S. 14; Müller-Emmert / Maier, S. 1661.

[74] Schmidt in Prot. 7/2571; Beratungen Prot. 7/2749. — Einschränkend Haft in ZStW 88/390 ff. aufgrund der (zweifelhaften) Prämisse, es handele sich hier lediglich um eine irrelevante „Prognoseverdrängung". Vgl. dagegen Göhler / Wilts in DB 1976/1657: „Der typische Kreditbetrug im Wirtschaftsverkehr ist dadurch gekennzeichnet, daß der Täter eine gewisse Gefährlichkeit seines Tuns wohl erkennt, jedoch glaubt, gerade der Kredit werde seine Vermögensverhältnisse wieder sanieren."

[75] Vgl. ergänzend den Fall, den Schröder in die Beratungen des Sonderausschusses eingeführt hat (Prot. 7/2535 f.): X kaufte 1965 ein fünfgeschos-

I. Der Kreditbetrug des § 263 StGB

6. Die Absicht, einen Vermögensvorteil zu erlangen

Viel unproblematischer als der Betrugsvorsatz ist ein weiteres subjektives Unrechtsmerkmal: die Absicht des Täters, sich oder einem anderen durch den erschlichenen Kredit einen Vermögensvorteil zu verschaffen. Insoweit bedarf es nur weniger Bemerkungen.

Vermögensvorteil ist — spiegelbildlich zum Vermögensschaden — jede objektive Verbesserung einer Vermögensposition[76], im Bereich des Kreditbetrugs also etwa der Erhalt des beantragten Kredits, aber auch schon eine dahingehende Zusage, ferner die Stundung einer Rückzahlungsverpflichtung, die Tilgungsstreckung, die (faktische) Nichteintreibung eines fälligen Anspruchs seitens des Kreditgebers u. a. m.

Unter *Absicht* versteht die ganz h. L.[77] den sog. dolus directus ersten Grades; die Vorstellung von der Bereicherung muß also für den Täter Motiv seines Handelns gewesen sein. Der Wille, lediglich die Nachlässigkeit eines Sachbearbeiters bei der Kreditvergabe aufzudecken, reicht zur Annahme einer betrügerischen Absicht nicht aus.

*Beweis*probleme bereitet die Bejahung der Bereicherungsabsicht im Einzelfall nicht. Denn der Kreditbetrüger will typischerweise aus der Vermögensschädigung oder -gefährdung seines Opfers einen Vorteil ziehen. Schutzbehauptungen, soweit überhaupt aufgestellt, sind insoweit leicht zu widerlegen.

7. Die Rechtswidrigkeit der Tat

Auch die Probleme, welche die Feststellung der Rechtswidrigkeit beim Betrug aufwirft, betreffen nicht den speziellen Bereich des Kre-

---

siges Mietshaus zum Preis von 460 000 DM; die Jahresmieten betrugen rund 37 000 DM. Alsbald nach dem Kauf beauftragte X den Sachverständigen Y mit der Erstellung einer Wertschätzung. Y gab in seinem Gutachten den Handelswert des Hauses mit rund 1 860 000 DM an; die Jahresmiete bezifferte er mit 116 000 DM. Unter Beifügung dieser Wertschätzung und eines übersetzten Mietsverzeichnisses beantragte und erhielt X von verschiedenen Banken Hypothekendarlehen in der Gesamthöhe von 850 000 DM. In der Folgezeit konnte er den Zins- und Tilgungsdienst nicht decken, so daß das Objekt zwangsversteigert wurde. Hierbei erlitt die eine Bank einen Schaden von rund 200 000 DM, die andere fiel mit ihrer Forderung ganz aus.
Gegenüber dem Betrugsvorwurf verteidigte sich der Beschuldigte damit, daß im Zeitpunkt der Beleihung eine Vermögensgefährdung für die Banken nicht bestanden habe, da er über ausreichendes weiteres Vermögen, insbesondere Barvermögen, verfügt habe, aus dem er Verluste bei den einzelnen Objekten jederzeit hätte ausgleichen können. Erst in der Folgezeit sei er infolge unvorhergesehener Umstände in Vermögensverfall geraten.

[76] Vgl. RGSt 50/277 (279); BGHSt in VRS 42/110; Lackner, LK-StGB § 263 Rdnr. 226; Schönke / Schröder / Cramer, StGB § 263 Rdnr. 122.

[77] Lackner, LK-StGB § 263 Rdnr. 250 ff.; Schönke / Schröder / Cramer, StGB § 263 Rdnr. 129.

ditbetruges. Zu unterscheiden ist, wie eingangs schon erwähnt, die zivilrechtliche Rechtswidrigkeit der Vermögensverschiebung von der strafrechtlichen Rechtswidrigkeit des hierfür eingesetzten Mittels.

Die Vermögensverschiebung ist *zivilrechtlich rechtswidrig*, wenn der Kunde auf den ihm gewährten Kredit außerhalb des durch Täuschung begründeten Rechtsverhältnisses keinen Anspruch hat. Dient die Täuschung dazu, einen bestehenden Kreditanspruch lediglich durchzusetzen, etwa indem sie unbegründete Zweifel an der Kreditwürdigkeit des Kunden ausschaltet, dann hat sie keine rechtswidrige Vermögensverschiebung zur Folge. Eine Bestrafung wegen Betruges ist dann ausgeschlossen.

Die *strafrechtliche Rechtswidrigkeit*, welche lediglich nach strafrechtlichen Grundsätzen zu bestimmen ist, wird durch die Erfüllung des objektiven und subjektiven Unrechtstatbestandes „indiziert" und ist folglich nur dort ausgeschlossen, wo ein besonderer Rechtfertigungsgrund dem Täter die Befugnis zu betrügerischem Verhalten gewährte. Ernstlich kommt hierfür nur der Notstand des § 34 in Betracht. Doch selbst seinem Anwendungsbereich hat die Rechtsprechung enge Grenzen gesetzt. Zwar ist nicht daran zu zweifeln, daß vor allem das Interesse an der Erhaltung der in einem Betrieb vorhandenen Arbeitsplätze ein grundsätzlich „notstandsfähiges" Rechtsgut darstellt[78]. Doch kann dieses Rechtsgut durch einen Kreditbetrug nur in extremen Ausnahmefällen gerettet werden. Der Rechtsprechung jedenfalls ist eine derartige Fallgestaltung, soweit ersichtlich, bisher noch nicht zum Problem geworden.

8. Zusammenfassung

Die vorstehende Untersuchung hat ergeben, daß der Tatbestand des § 263 ein für die wirksame Bekämpfung des Kreditbetruges nur beschränkt taugliches Mittel darstellt. Seine *Mängel* liegen vor allem

a) *im Bereich der Täuschungshandlung und der Vermögensschädigung.* Dort wird von den Strafverfolgungsbehörden der Nachweis verlangt, daß die Forderung des Kreditgebers gegenüber der von ihm erbrachten Leistung minderwertig war. Der Nachweis ist nur zu führen, indem die Verfolgungsbehörden zunächst die Vermögenssituation des Kreditnehmers im Zeitpunkt der Kreditgewährung vollständig aufklären und aus ihr heraus anschließend die für den Minderwert der Forderung entscheidende Prognose begründen, daß die pünktliche Erfüllung der Forderung — bei Berücksichtigung aller die künftige Entwicklung voraussehbar bestimmenden Fak-

---

[78] BGHSt bei Dallinger in MDR 1975/723; BayObLG in NJW 1953/1602; OLG Hamm in NJW 1952/838; OLG Köln in NJW 1953/1844.

toren — nicht gewährleistet war. Der Nachweis läßt sich, wie die Erfahrung lehrt, kaum jemals zuverlässig erbringen — insbesondere nicht bei den komplizierten Vermögensverhältnissen gerade der faulen Kreditkunden.

b) *im Bereich des Vorsatzes.* Hier wird sich der Kreditkunde oft damit herauszureden suchen, daß er im Tatzeitpunkt seine Vermögensverhältnisse falsch eingeschätzt oder aus ihnen falsche Schlüsse im Hinblick auf seine zukünftige Zahlungsfähigkeit gezogen habe. Der Nachweis des Gegenteils ist wiederum nur schwer zu erbringen, so daß es oft zu ungerechtfertigten Freisprüchen kommt.

Diesen im wesentlichen praktischen Mängeln des Betrugstatbestandes kann weder eine Änderung des Beweisrechts noch eine Verstärkung der Aufklärungsarbeit seitens der Verfolgungsbehörden abhelfen. Sofern man meint, die geschilderten Mängel aus kriminalpolitischen Gründen nicht hinnehmen zu können, ist vielmehr eine Veränderung der materiellen Rechtslage erforderlich.

Der Gesetzgeber des Jahres 1976 hat sich für eine solche Veränderung der materiellen Rechtslage entschieden. Er hat — durch Art. 1 Nr. 4 des ersten WiKG[79] — einen neuen Straftatbestand in das Strafgesetzbuch eingefügt: den „Kreditbetrug" des § 265 b, dem wir uns nunmehr zuwenden.

II. Der Kreditbetrug des § 265 b StGB

Bereits früher einmal, in der Zeit zwischen 1934 und 1961, hatten die Strafverfolgungsbehörden über einen besonderen Straftatbestand zur Bekämpfung des Kreditbetrugs verfügt — ihn jedoch nicht angewandt. Es war dies der § 48 KWG[80], der wie folgt lautete:

„Mit Gefängnis und mit Geldstrafe oder mit einer dieser Strafen wird, soweit nach anderen Gesetzen nicht schwerere Strafen verwirkt sind, bestraft, wer vorsätzlich zur Erlangung oder Erweiterung eines Kredits oder Erzielung günstigerer Kreditbedingungen unwahre Bilanzen, Gewinn- und Verlustrechnungen oder Vermögensübersichten einem Kreditinstitut einreicht oder einem solchen gegenüber wissentlich falsche Erklärungen über seine wirtschaftlichen Verhältnisse abgibt, auch wenn es nicht zur Kreditgewährung kommt."

Die Vorschrift wurde 1961 gestrichen[81]. Als Grund wurde angegeben ihre *mangelhafte Effizienz,* die aus dem Fehlen nahezu jeglicher ver-

---
[79] BGBl. 1976 I S. 2034.
[80] KWG vom 25. 9. 1939 (RGBl I S. 1955), vom 23. 7. 1940 (RGBl I S. 1047), vom 18. 9. 1944 (RGBl I S. 211). Eingehend zu der Vorschrift Tagungsberichte Bd. V Anl. 3 S. 9 ff. Vorläufer der Vorschrift war § 50 KWG vom 3. 12. 1934 (RGBl I S. 1203).
[81] Hierzu Kohlhaas in JR 1962/1 f.

öffentlichten oder auch nur bekannt gewordenen Gerichtsentscheidung ersichtlich sei[82].

Woher rührte diese mangelhafte Effizienz seinerzeit? Die Gründe hierfür sind heute umstritten. Eine Meinung geht dahin, die Vorschrift sei nicht angewandt worden, weil die Strafverfolgungsbehörden sie nicht gekannt hätten[83]. Die andere Meinung nimmt an, die Vorschrift sei zwar bekannt gewesen, es habe aber kein Bedürfnis für ihre Anwendung bestanden, da der Strafschutz des § 263 sich in der Praxis als ausreichend erwiesen habe[84]. Verifizierbar ist keine der beiden Meinungen. Doch hat die zweite Meinung immerhin ein höheres Maß an Plausibilität für sich. Wäre nämlich wirklich ein praktisches Bedürfnis nach Strafschutz durch § 263 unbefriedigt geblieben, dann hätten zumindest die höheren Gerichte häufiger Veranlassung gehabt, auf die lückenfüllende Funktion des § 48 KWG hinzuweisen und durch diesen Hinweis dann auch die Praxis der Untergerichte zu beeinflussen. Dies aber ist nicht geschehen.

Erkennt man deshalb die zweite Meinung als die wahrscheinlich richtige an, wird man noch weiter zu fragen haben: Warum hat sich — trotz der schwierigen Beweissituation beim Kreditbetrug des § 263 — in der Praxis kein Bedürfnis für eine Strafvorschrift im Vorfeld des Betruges ergeben[85]? Und bei dem Versuch, auch diese Frage zu beantworten, stößt man dann auf eine in den Beratungen über den jetzt in Kraft getretenen § 265 b von seiten der Praxis[86] immer wieder ver-

---

[82] Veröffentlicht sind, soweit mir ersichtlich, lediglich die Entscheidungen RGSt in DR 1940/73 und BGHSt in NJW 1954/1575 und 1957/1288. Vgl. dazu auch Prost in Tagungsberichte Bd. V Anl. 3 S. 18; Raisch in Tagungsberichte Bd. V Anl. 4 S. 2; Klein in Tagungsberichte Bd. V Anl. 5 S. 14; ferner Prost in JZ 1975/19; Göhler / Wilts in DB 1976/1657; Prot. 7/2526 f., 2531, 2750.

[83] Dähn, S. 130; Tiedemann in Prot. 7/2482; Beratungen Prot. 7/2751.

[84] So der Referent des Bundeswirtschaftsministeriums lt. Vermerk des BMJ Referat II/6 vom 12. 6. 1958.

[85] Reformforderungen waren allerdings von seiten der Wirtschaft gelegentlich an den Gesetzgeber herangetragen worden, z. B. in der Denkschrift der Vereine Creditreform e.V. 1929. Alle Vorschläge zu einem Ergänzungstatbestand wurden jedoch letzthin verworfen. Dieses Schicksal widerfuhr auch dem in die Beratungen des Reichstagsausschusses zum Entw. 1927 eingebrachten § 346 a, der folgenden Wortlaut haben sollte:
„Wer, abgesehen von den Fällen des Betruges, das Vermögen eines anderen dadurch beschädigt, daß er ihn durch ein Verschweigen von Tatsachen, das Anstand und Sittlichkeit im Kreditverkehr gröblich verletzt, zur Gewährung oder Verlängerung eines Kredits bestimmt, wird wegen Krediterschleichung mit Gefängnis bis zu einem Jahr bestraft.
Die Tat wird nur auf Verlangen des Verletzten verfolgt."
Man war der Ansicht, daß bei genügend weiter Auslegung der allgemeine Betrugstatbestand des § 263 für die Bestrafung auch des Kreditbetrügers ausreiche (Verh. des 21. Ausschusses, 4. Wahlperiode 1928, 121. Sitzung).

[86] Vgl. insbesondere Prost in: Tagungsberichte Bd. V Anl. 3 S. 16: „Die Neigung der Kreditinstitute, gescheiterte Kreditanträge zur Anzeige zu brin-

II. Der Kreditbetrug des § 265 b StGB

lautbare Erklärung: Der Grund liegt nicht darin, daß die Strafwürdigkeit des in § 48 KWG umrissenen Verhaltens je angezweifelt worden wäre; er liegt vielmehr in einem grundsätzlichen *Desinteresse der betroffenen Kreise* (hier vor allem: der Kreditinstitute) an einem strafrechtlichen Vorgehen gegen Kreditbetrüger im Vorfeld des Betrugstatbestandes[87], also am insoweit fehlenden Strafbedürfnis.

Diese Erklärung wiederum fügt sich gut ein in die generelle Stellung, welche die Wirtschaft gegenüber bestimmten Kriminalitätserscheinungen einnimmt: Sie behilft sich in den meisten Fällen mit den gut funktionierenden zivilrechtlichen Mitteln, z. B. mit Arrest und einstweiliger Verfügung (§§ 916 ff. ZPO). Und in den meisten Fällen ist die Sache auch tatsächlich für sie damit erledigt. Aber selbst dort, wo sie zivilrechtlich keinen Erfolg hat, führt sie i. d. R. keine Strafverfolgung herbei. Sie will die Sache nicht unnötig publik werden lassen und damit ihrem Renommee und ihrer Stellung im Wettbewerb noch zusätzlichen Schaden zufügen. Lieber schreibt sie die uneinbringliche Forderung still ab und streicht den Namen des Kreditbetrügers aus ihrer Kundenkartei. Darüber hinaus informiert sie — als Maßnahme der „Prävention" — die private Schutzgemeinschaft für allgemeine Kreditsicherung („Schufa")[88], um jede weitere Kreditgewährung an den Betrüger unmöglich zu machen. Nur ganz gelegentlich schaltet sie die Strafverfolgungsbehörden ein; aber selbst dann geschieht es oft nicht einmal im Interesse einer gerechten Bestrafung des Schuldigen, sondern im Interesse der Aufklärung der Tat mit den scharfen Mitteln des Strafprozeßrechts und in der Hoffnung, daraus einen wirtschaftlichen Nutzen zu ziehen[89].

---

gen, denen unzutreffende Kreditunterlagen oder falsche Angaben über die wirtschaftlichen Verhältnisse des Kreditnehmers zugrunde lagen, dürfte generell recht gering sein. Da ein finanzieller Schaden nicht eingetreten ist und man einen unökonomischen Arbeits- und Zeitaufwand möglichst zu vermeiden trachtet, wird man sich nur dann zur Unterrichtung der Strafverfolgungsbehörden entschließen, wenn der Eindruck besteht, daß es sich um das Vorgehen eines Berufsbetrügers handelt, den unschädlich zu machen im Interesse aller Kreditinstitute liegt. Der Regelfall wird dies aber kaum sein."

Übereinstimmend auch Junge in Prot. 7/2521: „Den Waren- oder Geldgläubigern geht es darum, ihren Kredit zu retten. Eine Strafanzeige, die zu frühzeitig erfolgt, rettet diesen Kredit nicht, eine spätere ist nutzlos. Man wird sich nicht im Rahmen eines geschäftlichen Verkehrs als Hilfsbeamter der Staatsanwaltschaft fühlen. Nur in außergewöhnlichen Fällen kann also hier überhaupt mit dem Strafantrag gerechnet werden." Vgl. ferner Hellner in Prot. 7/2532, 2534.

[87] Übereinstimmend Dreher / Tröndle, StGB § 265 b Rdnr. 5.
[88] Zum „Schufa"-Meldesystem vgl. Otto, S. 82 FN 105.
[89] M. E. weitaus zu optimistisch die Stellungnahme von Schröder in Prot. 7/2538: „Bisher ist es so: Die meisten Kreditinstitute scheuen sich selbst dann noch, Strafanzeige zu erstatten, wenn bereits ein Schaden eingetreten ist. Sie wollen dann zunächst einmal zivilrechtlich versuchen, von dem Schädiger Ersatz zu bekommen. Wenn sie in ihre Bemühungen, das Geld

Es hat wenig Sinn, über die Berechtigung einer solchen Denkungsart zu räsonieren. Der Jurist kann eine andere nicht erzwingen, insbesondere der Wirtschaft keine Verpflichtung zur Strafanzeige auferlegen. Weniger pragmatisch am Kosten-Nutzen-Denken orientiert als sie[90] und dafür stärker sozial-ethischen Gerechtigkeitserwägungen verhaftet, strebt er nach Durchsetzung des Rechts auch dort, wo ein materieller Nutzen ihm nicht sichtbar ist. Er bezeichnet dies — für viele anrüchig — als „Verteidigung der Rechtsordnung" (vgl. § 47) oder als „Bewährung des Rechtsgedankens" und wirbt um Anerkennung für die regulative Funktion seiner primär am Recht und erst sekundär am Nutzen orientierten Denkungsart auch in den Kreisen, in denen er Sympathie nicht ohne weiteres voraussetzen kann. Denn der Staat, dessen Wohl ihm primär am Herzen liegt, beruht für ihn nicht nur auf der Wirtschaft und ihren Gesetzmäßigkeiten, sondern auch auf dem Recht und seinen Gesetzen — und diese sind, wie er meint, nicht lediglich Ausdruck von Interessen (und schon gar nicht lediglich Ausdruck von ökonomischen Interessen!), sondern auch von fundamentalen Wertentscheidungen, die sich gelegentlich über die Niederungen zweckrationaler Überlegungen erheben und in die Sphäre des Letztgültigen vorstoßen (selbst wenn sie diese Sphäre meist nicht erreichen). Deshalb wird der Jurist die Versicherung der Kreditwirtschaft, daß ihr an einem Strafschutz nicht gelegen sei, zwar hören; aber er wird dieses mangelnde Bedürfnis der Geschädigten doch an seiner Rechtsüberzeugung messen und notfalls ignorieren, wenn ihm von seinem Standpunkt aus das Bedürfnis für eine Bestrafung gegeben erscheint.

Der *deutsche Gesetzgeber* hat dies im Falle des Kreditbetruges getan; er *hat* das *Bedürfnis* für einen Gefährdungstatbestand zugunsten der Kreditwirtschaft im Vorfeld des allgemeinen Betruges entgegen den Stimmen der Wirtschaft[91] *bejaht*. Der rechtsanwendende Jurist muß seine Entscheidung achten, und zwar nicht nur, indem er sie äußerlich hinnimmt, sondern indem er sie auch innerlich akzeptiert

---

wiederzubekommen, mit einer Strafanzeige hineinschießen, blockieren sie sich ja selber alles ... Bei § 265 b wäre das anders. Da könnten[!] sie ja schon, wenn eine falsche Unterlage eingereicht wird, Strafanzeige erstatten, bevor der Kredit überhaupt ausgezahlt ist. Die Banken merken ja sofort: ‚Aha, der will uns betrügen, der gibt uns falsche Unterlagen. Geschäftsbeziehungen wollen wir mit dem sowieso keine mehr haben.' Die Einreichung falscher Unterlagen wäre dann ein klarer, nachweisbarer Straftatbestand. Es würde Strafanzeige erstattet ..."

[90] Vgl. auch Schmidt in Prot. 7/2571.

[91] Ein Bedürfnis für die neue Vorschrift ist vom Gesetzgeber auch sonst durch eine empirische Untersuchung nicht festgestellt worden (vgl. Blei, BT S. 218 f.; Prost in JZ 1975/19 f.; Heinz in GA 1977/214; Hintzen in Prot. 7/2526). Ausdrücklich hat Wilts in den Ausschußberatungen (Prot. 7/2765) erklärt, daß statistisches Material über den Umfang von Kreditbetrügereien im wirtschaftlichen Bereich nicht vorliege.

II. Der Kreditbetrug des § 265 b StGB

und bewußt an der Verwirklichung des gesetzgeberischen Willens mitarbeitet[92].

Leicht allerdings hat es der Gesetzgeber ihm nicht gemacht. Sein neuer § 265 b ist perfektionistisch, überschreitet inhaltlich das notwendige Maß und bleibt in der Zielrichtung letztlich unbestimmt.

Der Zweck der folgenden Darstellung geht nicht dahin, die Bestimmung des § 265 b in allen Einzelheiten zu erfassen und kritisch zu würdigen. Hierzu ist seit ihrem Inkrafttreten noch zu wenig Zeit verflossen. Die künftige Entwicklung, insbesondere die Bewährung der Vorschrift in der Rechtsprechung, muß abgewartet werden. An dieser Stelle kann nicht mehr geschehen, als daß die Grundgedanken der Vorschrift dargelegt und die Vorschrift insgesamt daraufhin überprüft wird, ob sie die Schwierigkeiten, welche die Bekämpfung des Kreditbetruges mit dem Tatbestand des § 263 bereitete, auf überzeugende Weise löst, ohne ihrerseits in neue und womöglich noch größere Schwierigkeiten hineinzuführen.

1. Das geschützte Rechtsgut

Rechtsgut des § 265 b ist — nach dem m. E. verbindlichen Willen des Gesetzgebers[93] — das *Kreditwesen als solches*. Es erlangt, wie einleitend schon erwähnt, seine besondere Schutzwürdigkeit nach der Auffassung des Gesetzgebers dadurch, daß „Kreditbetrügereien größeren Ausmaßes nicht nur die wirtschaftliche Existenz des Kreditgebers gefährden, sondern darüber hinaus auch die Kreditwirtschaft als solche und damit die Volkswirtschaft insgesamt"[94].

Die hier zitierte Begründung[95] läßt die Frage offen, was unter der „Kreditwirtschaft als solcher" zu verstehen ist? *Zwei alternative Ant-*

---

[92] Gleiches ist selbstverständlich von der Kreditwirtschaft nicht zu erwarten. Insbesondere darf ihr keine Verpflichtung zu Strafanzeigen gegen Kunden auferlegt werden, die sich betrügerisch Kredite erschlichen oder auch nur bei der Beantragung eines Kredits falsche Angaben gemacht haben.

[93] Vgl. Lampe in Welzel-Festschrift S. 164. Ich kann auf das Problem der verbindlichen Gestaltung von Rechtsgütern im Rahmen des strafrechtlichen Ordnungsgefüges hier nicht im einzelnen eingehen, möchte jedoch meiner Auffassung Ausdruck geben, daß dem rechtsschöpferischen Willen des Gesetzgebers im wirtschaftspolitischen Bereich i. d. R. bis zu der Grenze Raum zu geben ist, wo er sich durch seine gesetzliche Regelung mit seinen eigenen Intentionen in Widerspruch setzt. Daraus folgere ich, daß die Interpretation auch dort an den Willen des Gesetzgebers gebunden ist, wo dieser im Gesetz nur unvollkommen Ausdruck gefunden hat.

[94] BT-Drucks. 7/5291 S. 14. Vgl. ferner BR-Drucks. 5/75 S. 18; Prot. 7/2750.

[95] Die Begründung ist m. E. schon im Ansatz verfehlt. Zunächst war darzulegen, warum die „Kreditwirtschaft als solche" dem Gesetzgeber als rechtsschutzwürdiges Gut erscheint; dann erst konnte — zur Begründung der Strafbedürftigkeit von Verletzungen — auf Verletzungsmöglichkeit und -wahrscheinlichkeit abgestellt werden. Beides vermisse ich nicht nur im

worten sind denkbar: Die „Kreditwirtschaft als solche" sei, so lautet die erste, nichts anderes als die Kreditgeber in ihrer Gesamtheit, also die Zusammenfassung der Firmen des Kreditgewerbes und der sonst kreditgewährenden Leistungsträger (z. B. Warenlieferanten). Die zweite Antwort geht dahin, daß die „Kreditwirtschaft als solche" mehr sei als eine bloße Gesamtheit oder Summe — sie sei ein „übersummatives" Kollektiv und erlange als solches Anspruch auf Strafschutz.

Betrachten wir diese möglichen Antworten kritisch. Gegen die erste, welche die „Kreditwirtschaft als solche" mit der *Gesamtheit der Kreditgeber* gleichsetzt[96], spricht, daß sie dem Tatbestand des § 265 b im Verhältnis zu § 263 gerade kein neues Rechtsgut unterlegt, sondern nur eine durch die Verletzung einzelner Vermögensinteressen hervorgerufene Beunruhigung anderer Vermögensträger als Anlaß zur Schaffung des § 265 b begreift, somit aber die Strafgesetzgebung im Falle des Kreditbetruges zum bloßen Beruhigungsmittel diskreditiert. Das kann — oder sollte jedenfalls — nicht richtig sein. Jede Straftat führt über den konkreten Anlaß hinaus zu allgemeiner Beunruhigung, wenn Wiederholungsgefahr besteht: Werden einzelne Banken überfallen, müssen auch die anderen mit solchen Überfällen rechnen; wird in Häuser am Stadtrand eingebrochen, liegt es nahe, daß weitere Einbrüche derselben Art folgen werden. Aber die Beunruhigung, die jene ergreift, die möglicherweise als nächste Opfer an der Reihe sein werden, rechtfertigt gerade nicht die Schaffung neuer, sondern nur die beherzte, generalpräventiv abschreckende Anwendung der bestehenden Strafnormen, im Falle des Kreditbetruges also des Betrugstatbestands des § 263 einschließlich seiner verschärften Strafdrohung in Absatz 3, die gerade bei „Kreditbetrügereien größeren Ausmaßes" ein gutes Abschreckungsmittel sein kann. Erweist sich dabei das materielle Strafrecht als entweder zu schwach oder nicht praktikabel genug, dann muß es selbstverständlich verbessert werden. Aber diese Verbesserung muß den Individualschutz betreffen, nicht den Schutz einer wie immer gearteten Allgemeinheit. Die Schaffung eines neuen Rechtsguts rechtfertigt es, so gesehen, nicht.

Allein richtig im Sinne des gesetzgeberischen Willens erscheint deshalb die zweite der genannten Antworten: daß im Grunde etwas anderes als der Individualschutz, daß ein *„übersummatives" Kollektiv*: die Kreditwirtschaft als Teil der Marktwirtschaft, das Schutzgut des § 265 b ist[97]. Zu Problemen führt freilich auch diese Alternative.

---

zitierten Bericht des Sonderausschusses, sondern durchgängig auch in seinen Beratungen. Wohl nicht zuletzt deshalb kritisch Dreher / Tröndle, StGB § 265 b Rdnr. 6; Heinz in GA 1977/226.

[96] So offenbar die Mehrheit der Sachverständigenkommission zur Bekämpfung der Wirtschaftskriminalität — vgl. Tagungsbericht Bd. 5 S. 17 ff. (in gewissem Widerspruch dazu allerdings S. 30).

II. Der Kreditbetrug des § 265 b StGB

Zunächst stellt sich die Frage, worin denn das „übersummative" *Interesse* bestehe, das Interesse also, das über das Einzelinteresse der Kreditgeber hinausgeht und das einen eigenständigen Schutz im Rahmen des § 265 b erhalten soll? Die Frage kann nicht allein mit dem allfälligen Hinweis auf den *Wert eines gut funktionierenden Kreditwesens* beantwortet werden; vielmehr muß zugleich gesagt werden, *wofür* denn das Kreditwesen als solches einen Wert darstellt, wem also die Institution des Kreditwesens — abgesehen von den Kreditgebern und den Kreditnehmern — dienen soll. Dabei gerät man zwangsläufig in immer höhere Abstraktionsgrade, in eine Werthierarchie hinein, an deren Spitze, dem Bericht des Sonderausschusses nach zu urteilen, die Volkswirtschaft als ganze, in unseren Breiten also die freie (oder: die soziale) Marktwirtschaft steht. Natürlich kann man dann auch noch weiter fragen, wofür die Volkswirtschaft in Form der Marktwirtschaft einen Wert darstelle, der unmittelbar oder mittelbar in seinen einzelnen Funktionen schützenswert sei. Aber hier stößt man wohl an Grenzen, jenseits derer politische Grundentscheidungen die Rechtssetzung bestimmen, welche der Jurist hinzunehmen, aber nicht mehr zu hinterfragen hat. Insofern muß man sich also notwendig bescheiden.

Aber selbst wenn man sich insofern bescheidet, sind die Probleme doch nicht behoben. Denn zusätzlich stellt sich nun die Frage, *wie* denn das neue Rechtsgut — die Kreditwirtschaft als Teil der Volkswirtschaft — *verletzt werden kann* und insbesondere, *wann es im Einzelfall verletzt wird*? Gerade weil das Rechtsgut so hoch abstrakt ist, erwartete man vom Gesetzgeber klare Hinweise, welche empirischen Gegebenheiten erfüllt sein müssen, um eine Verletzung anzuzeigen. Einerseits kann die Verletzung oder Gefährdung einzelner Teilnehmer am Kreditverkehr dafür nicht ausreichen — weil eben ein abstraktes Interesse verletzt sein muß, das über die konkreten Einzelinteressen hinausgeht[98]. Andererseits läßt sich keine Verletzung der abstrakten Kreditwirtschaft denken, ohne daß ein konkreter Teilnehmer am Kreditverkehr verletzt oder gefährdet wäre[99]. Das letzte beruht darauf,

---

[97] Übereinstimmend Tiedemann, 49. DJT I C 46, 68, 72; ders. in ZStW 87/272 ff. u. ö.; Lackner, StGB § 265 b Anm. 1; Maurach / Schroeder, BT 1 S. 401. Vgl. ferner BT-Drucks. 7/3441 S. 30 sowie 7/5291 S. 3, 14 und 16.

[98] Aus diesem Grunde besteht zwischen § 263 und § 265 b Idealkonkurrenz (Schönke / Schröder / Lenckner, StGB § 265 b Rdnr. 51; Tiedemann in Prot. 7/2482) — mit der in den Gesetzesberatungen durchaus anerkannten Folge, „daß ein solcher Tatbestand der Praxis keine wesentliche Arbeitsentlastung bieten kann; denn die Feststellung der Voraussetzungen des § 265 b erübrigt für die Strafverfolgungspraxis nicht die weitere Prüfung, ob nicht auch § 263 gegeben ist". Der Vorteil des § 265 b wird gleichwohl darin gesehen, „daß die Arbeit der Strafverfolgungsorgane bei gleicher Arbeitsbelastung wesentlich effektiver wird, weil nach geltendem Recht die Ermittlungen in der Mehrzahl dieser Fälle im Sand verlaufen bzw. nicht zum Nachweis der Voraussetzungen des § 263 führen können, da im Bereich des Schadens die bekannten Probleme auftauchen" (Prot. 7/2772).

daß wirtschaftliche Ordnungsprinzipien trotz ihrer abstrakten und damit weitgehend „idealen" Natur niemals Selbstzweck sind, sondern eine — freilich weitgehend formalisierte — „reale" Schutzfunktion für Individualgüter besitzen, daß sie m. a. W. ein reales Fundament (fundamentum in re) haben, auf dessen Festigkeit alle Marktbeteiligten bei ihrem wirtschaftlichen Handeln vertrauen. Wann aber zieht eine Verletzung nicht nur ein individuelles Gut, sondern gleichzeitig das dieses Gut umfassende allgemeine Ordnungsprinzip in Mitleidenschaft? Das läßt sich offenbar schwer abschätzen und kann eigentlich nur gesetzgeberisch festgesetzt werden. Zusammenbrüche größerer Banken infolge erschlichener Kreditgewährung haben sicherlich eine solche Einwirkung auf das Marktgefüge; ebenso sicher hat die Erschleichung eines Kleinkredits eine derartige Auswirkung nicht. Wo aber dazwischen die Grenze liegt, das, wie gesagt, bedürfte gesetzgeberischer Weisung.

Der Sonderausschuß für die Strafrechtsreform geht auf diese Fragen in seinem Bericht indessen nicht ein. Stattdessen macht er sich die *Verletzung von Einzelinteressen anderer Gläubiger* zum Problem[100]: Durch erschlichene Kredite, so führt er aus, könnten außer dem Kreditgeber auch dessen Gläubiger in wirtschaftliche Schwierigkeiten geraten mit möglichen weiteren Auswirkungen auf deren Gläubiger[101]. Hier wird sicher eine Gefahr ganz richtig gesehen. Aber diese Gefahr besteht beim Betrug schlechthin und nicht nur beim Kreditbetrug; und sie betrifft beim Kreditbetrug allenfalls sehr hohe Kredite, bei denen der Kreditgeber nicht nur sein eigenes Kapital einsetzt, sondern auch das Kapital seiner Gläubiger, und bei denen er darüber hinaus nicht die nötige Sorgfalt in der Abschätzung von Risikofaktoren walten läßt. So sind Bankzusammenbrüche in letzter Zeit niemals nur durch Kreditbetrügereien, sondern allemal auch durch eine leichtsinnige Geschäftspolitik, insbesondere durch Verstöße von Bankangestellten gegen Aufsichtsvorschriften, verursacht worden[102]. Der Kreditbetrug allein

---

[99] Vgl. auch Prot. 7/2752: Unmittelbares Angriffsobjekt sei zwar das individuelle Vermögen des Kreditgebers, das eigentliche Schutzobjekt sei aber das Funktionieren der Kreditwirtschaft.

[100] BT-Drucks. 7/5291 S. 14; vgl. auch BT-Drucks. 7/3441 S. 17. In den Beratungen des Sonderausschusses wurde teilweise sogar allein auf Individualschäden abgestellt, um den Tatbestand zu rechtfertigen. In diesem Sinne haben sich de lege ferenda im Rahmen der Anhörung vor dem Sonderausschuß ausgesprochen Lampe in Prot. 7/2513; Gössel in Prot. 7/2618. Vgl. ferner aus dem neueren Schrifttum Dreher / Tröndle, StGB § 265 b Rdnr. 6; Samson, SK-StGB § 265 b Rdnr. 2; Blei in JA 1976/807; Heinz in GA 1977/226.

[101] So schon die Entschließung der Leiter der Schwerpunkt-Staatsanwaltschaften auf ihrer Karlsruher Tagung vom Mai 1972 lit. b (vgl. Tagungsberichte Bd. V Anl. 4 S. 5). Ferner Müller-Emmert / Maier in NJW 1976/1661; Göhler / Wilts in DB 1976/1657.

hat weder zwangsläufig noch auch nur regelmäßig eine Gefahr für die Kunden der Bank zur Folge.

Weiterhin weist der Bericht des Sonderausschusses darauf hin, daß auch *Gläubigern des Kreditnehmers Schäden* entstehen können, weil sie einen falschen Eindruck von seiner Kreditwürdigkeit erhielten und sich womöglich zu weiteren Kreditgewährungen veranlaßt sähen[103]. Wiederum wird man anerkennen müssen, daß dies eine mögliche (wenngleich nicht sehr wahrscheinliche) Folge erschlichener Kreditgewährung ist. Wiederum aber wird nicht deutlich, inwieweit dieser Schaden gleichzeitig einen negativen Einfluß auf die Institution des Kreditwesens besitzen soll.

Zusammenfassend läßt sich demnach feststellen, daß uns der Gesetzgeber beim Kreditbetrug des § 265 b zwar nicht über das Rechtsgut selbst als vielmehr über die Kriterien, die seine Verletzung anzeigen, im dunkeln läßt. — Es drängt sich demnach der Verdacht auf, daß der Tatbestand in Wahrheit ganz überwiegend einem anderen Motiv seine Entstehung verdankt.

2. Der Kreditbetrug als abstraktes Gefährdungsdelikt

Damit stoßen wir auf die zweite Wurzel des neuen Kreditbetrugstatbestandes: auf die bereits geschilderten *Beweisschwierigkeiten*, welchen sich die Strafverfolgungsbehörden bei der Bekämpfung von Kreditbetrügereien mit Hilfe des Betrugstatbestandes bisher ausgesetzt sahen[104]. Der Bericht des Sonderausschusses gibt ausführlich darüber Auskunft. Er schreibt[105]:

---

[102] Tagungsberichte Bd. V S. 11. Deshalb schlägt Prost in JZ 1975/20 ff. eine Verbesserung der Bankenaufsicht vor und vertritt die Auffassung, daß „durch Verbesserung der Vorschriften über die Bankenaufsicht insgesamt gesehen, insbesondere in der Prophylaxe, mehr zu bewirken sein wird als durch die Aufstellung neuer Strafnormen" (S. 21).
Vgl. ferner Schubarth in ZStW 93 Heft 1: „Wenn man die Gewährung wirtschaftlich nicht vertretbarer Kredite verbieten will, dann darf man nicht einen betrugsähnlichen Tatbestand aufstellen, der von vornherein nur den Kreditnehmer als Täter anvisieren kann. Vielmehr muß man dann einen Tatbestand konzipieren, der den Verstoß gegen gesunde Grundsätze der Kreditgewährung erfaßt."
[103] BT-Drucks. 7/5291 S. 14.
[104] Vgl. dazu auch Haft in ZStW 88/372: Zweck des § 265 b sei es in Wahrheit, „da, wo es schiefgegangen ist, wo aber der eigentlich in Frage kommende Betrugsparagraph aus subjektiven Gründen nicht zum Zuge kommen kann, dennoch eine Bestrafung [zu] ermöglichen; er soll, kann schon die Festung des Betruges nicht erobert werden, wenigstens das Glacis der Unehrlichkeit den Angreifern sichern". Ebenso Schubarth in ZStW 93 Heft 1: „Der behauptete notwendige Schutz der Kreditwirtschaft kann durch § 265 b gar nicht erreicht werden. Folglich handelt es sich um einen zur Beweiserleichterung geschaffenen Vorfeldtatbestand zum Betrug."
[105] BT-Drucks. 7/5291 S. 14.

A. Der Kreditbetrug

„Einer wirksamen Bekämpfung der Kreditbetrügereien mit dem Betrugstatbestand des § 263StGB stehen nach einhelliger Auffassung des Ausschusses auch Beweisschwierigkeiten, insbesondere im subjektiven Bereich, entgegen ... Der Nachweis einer vorsätzlichen Gefährdung des Vermögens des Kreditgebers ... läßt sich häufig deswegen nicht führen, weil die Bewertung der Vermögensverhältnisse des Kreditnehmers im Zeitpunkt des Abschlusses des Kreditgeschäfts sowohl in objektiver als auch in subjektiver Hinsicht unüberwindbare Schwierigkeiten bereitet. Die Beurteilung des Wertes von Außenständen, Expansionsaussichten oder Umsatzsteigerungsmöglichkeiten eines Unternehmens ist vielen Unsicherheiten ausgesetzt."

Der Gesetzgeber hat offensichtlich vor allem versucht, diese Beweisschwierigkeiten des bisherigen Rechts zu beseitigen. Doch selbst an dieser pragmatischen Aufgabe ist er weitgehend gescheitert.

Sein erster Schritt zur Beseitigung der Beweisschwierigkeiten bestand darin, daß er § 265 b als *abstraktes Gefährdungsdelikt*[106] ausgestaltete, als ein Delikt also, worin ein Verhalten als *typischerweise* gefährlich für ein Rechtsgut erkannt und schon deshalb — d. h. unter Verzicht auf den Nachweis konkreter Gefährlichkeit — mit Strafe bedroht wird. Da das Rechtsgut des § 265 b, die Sicherheit des Kreditverkehrs, allerdings selbst ebenfalls abstrakt ist, kann es nicht anders als auf dem Wege über die Verletzung oder über die Gefährdung konkreter Interessen gefährdet werden. Deshalb ergaben sich für den Gesetzgeber zwei Möglichkeiten, um die Strafbarkeit zu begründen: entweder er forderte als Indiz für die Gefährlichkeit eine Verletzung, oder er forderte nur eine konkrete oder gar nur abstrakte Gefährdung von konkreten Interessen. Beim Kreditbetrug hat sich der Gesetzgeber mit dem am leichtesten nachweisbaren Tatbestand, mit einer abstrakten Gefährdung konkreter Vermögensinteressen begnügt, um daraus — unter gewissen einschränkenden Voraussetzungen — auf eine abstrakte Gefährdung auch des eigentlichen Rechtsguts, der Sicherheit des Kreditverkehrs, zu schließen.

Dieses Vorgehen kann grundsätzlich nicht als unzulässig angesehen werden. Es ergeben sich jedoch folgende *Zweifelsfragen:*

Zum einen fragt sich, ob ein Täter auch dann i. S. des § 265 b abstrakt die Sicherheit gefährdet, wenn er eine *konkrete Gefährdung* und erst recht eine Verletzung von konkreten Vermögensinteressen bewußt *ausgeschlossen* hat? Macht beispielsweise sich strafbar der Inhaber eines unzweifelhaft kreditwürdigen Unternehmens, der bei der Beantragung eines Kredits schriftlich falsche Angaben i. S. von § 265 b Abs. 1 Nr. 1 b macht[107]? Dagegen spricht, daß das Kreditwesen als solches nur

---

[106] Übereinstimmend Dreher / Tröndle, StGB § 265 b Rdnr. 6; Lackner, StGB § 265 b Anm. 1; Schönke / Schröder / Lenckner, StGB § 265 b Rdnr. 4; Berz in BB 1976;1438; Göhler / Wilts in DB 1976/1657; Heinz in GA 1977/214.

[107] Noch mehr spitzt sich das Problem zu, wenn zusätzlich der Sachbearbeiter die Unrichtigkeit der Angaben erkennt und deshalb auch aus diesem

II. Der Kreditbetrug des § 265 b StGB

durch das Erschleichen einer wirtschaftlich unvertretbaren Kreditgewährung gefährdet wird; dafür spricht, daß der Gesetzgeber dem Tatbestand seiner Norm — trotz Kenntnis des Problems — keine dahingehende Einschränkung mitgegeben hat[108].

Zum anderen ergeben sich Zweifel an der Gefahr, die von der *Gefährdung minimaler Vermögensinteressen* für die Kreditwirtschaft ausgehen soll. Das Problem spitzt sich zu bei der täuschenden Beantragung eines Kleinkredits[109]. Wiederum hielt zunächst auch der Gesetzgeber eine Indizwirkung hier für ausgeschlossen. Noch die Begründung zum Gesetzentwurf der Bundesregierung bringt zum Ausdruck, daß abstrakt gefährlich für die Kreditwirtschaft nur Täuschungen bei „überdurchschnittlicher Größenordnung" des Kreditgeschäfts oder bei „besonderen Zweifeln" an der Kreditwürdigkeit seien[110]. Erst im Bericht des Sonderausschusses fehlt ein solches klares Bekenntnis. Der Sonderausschuß hielt nämlich aufgrund der zwischenzeitlich erhobenen Kritik auch die Erfassung von Kleinkrediten für „unschädlich und vertretbar"[111]. Damit aber verschob er das Problem grundsätzlich. Denn um die Strafwürdigkeit der täuschenden Beantragung von Kleinkrediten geht es in § 265 b nicht und kann es auch nicht gehen; die alleinige Frage ist, ob die täuschende Beantragung von Kleinkrediten eine Indizwirkung besitzt für die Gefährdung des in § 265 b strafbewehrten Rechtsguts: der Kreditwirtschaft als solcher[112]. Und die

---

Grund jede Gefährdung des Kreditinstituts ausgeschlossen ist. Seinem Wortlaut nach ist § 265 b auch auf diesen Fall noch anwendbar, sofern nur die Falschangaben „für einen solchen Antrag erheblich" sind (vgl. Prot. 7/2754).

[108] Vgl. insbesondere Prot. 7/2762. Kritik wurde in der Anhörung vor dem Sonderausschuß geübt von Lampe (Prot. 7/2513, 2516 f.) und Gössel (Prot. 7/2619).
Die gegenwärtige Auslegung bezieht den wirtschaftlich vertretbaren Kredit in den Anwendungsbereich der Norm ein — vgl. etwa Dreher / Tröndle, StGB § 265 b Rdnr. 25 : ob der Kredit wirtschaftlich vertretbar ist und vom Kreditgeber trotz Kenntnis von der Unrichtigkeit der Angaben gewährt wurde, ist für die Tatbestandserfüllung ohne Bedeutung. Samson, SK-StGB § 265 b Rdnr. 2, zieht daraus die Folgerung, daß die Kreditwirtschaft — entgegen der gesetzgeberischen Intention — durch § 265 b überhaupt nicht geschützt sei; Schutzgut seien allein die individualen Vermögensinteressen der Kreditgeber. Diese Folgerung erscheint mir unrichtig; denn auch unter individualvermögensrechtlichem Aspekt ist es nicht gerechtfertigt, die Erschleichung eines wirtschaftlich vertretbaren Kredits zu pönalisieren.

[109] Gerade bei der Beratung dieses Problems trat der Grundgedanke des § 265 b im Sonderausschuß gelegentlich vollständig zurück. So bemerkte z. B. der Abgeordnete Dr. Penner in diesem Zusammenhang, „daß § 265 b eine Art Auffangtatbestand ist für die Fälle, die nach § 263 außerordentliche Schwierigkeiten bei der Ermittlung mit sich bringen" (Prot. 7/2551).

[110] BT-Drucks. 7/3441 S. 31.

[111] BT-Drucks. 7/5291 S. 15.

[112] Im übrigen ist, von dieser Problemverschiebung abgesehen, die „Unschädlichkeit und Vertretbarkeit" einer Strafdrohung solange keine hinreichende Legitimation für den Gesetzgeber, wie dieser an dem Gedanken

hieran bestehenden Zweifel hätten vom Sonderausschuß ausgeräumt werden müssen. Wie das freilich möglich sein soll, ist nicht erkennbar.

Deshalb geht der Tatbestand des § 265 b offenbar in beiden Zweifelsfällen über den Schutz der vom Gesetzgeber selbst zum Rechtsgut erhobenen Kreditwirtschaft als solcher hinaus: Durch den Umfang seiner Norm hat sich der Gesetzgeber mit seinen eigenen Intentionen in Widerspruch gesetzt. Daraus folgt m. E. als *Fazit*, daß die Norm künftig *einschränkend* derart zu interpretieren ist, daß die Indizwirkung der Gefährdung konkreter Vermögensinteressen für die Gefährdung der Kreditwirtschaft erhalten bleibt, die genannten Zweifelsfälle also aus dem Strafbarkeitsbereich herausfallen. —

Einen entsprechenden Vorschlag zur Eingrenzung des Tatbestandes auf für die Kreditwirtschaft gefährliche Verhaltensweisen hatte kurz vor den parlamentarischen Beratungen der *Alternativ-Entwurf eines Strafgesetzbuches* gemacht, welcher von einer Gruppe von Hochschullehrern vorgelegt wurde[113]. Sein § 187[114] schlug vor, die Strafbarkeit erst bei einem Kredit von mindestens 20 000 DM beginnen zu lassen. Diese Kreditgrenze, die sich aus dem Maßstab des alten § 18 KWG ergab, wurde in den Beratungen des Sonderausschusses zwar eingehend diskutiert[115], schließlich jedoch verworfen.

Im wesentlichen waren *drei Gründe für die Verwerfung* maßgeblich:
1. Die allein unter die Vorschrift fallenden Betriebskredite (siehe unten 4) würden ohnehin in aller Regel erst von einer bestimmten Höhe an in Anspruch genommen. Gleichfalls forderten die Kreditinstitute die in § 265 b Abs. 1 genannten schriftlichen Unterlagen — insbesondere Bilanzen, Gewinn- und Verlustrechnungen (siehe unten 3) — erst von einem bestimmten Kreditvolumen an. De facto bestehe daher zwischen der Regelung des § 265 b StGB und der des § 187 AE kein nennenswerter Unterschied.
2. Eine gesetzliche Untergrenze für die Strafbarkeit würde es verhindern, die — unzweifelhaft für die Kreditwirtschaft gefährliche — serienmäßige Inanspruchnahme von Kleinkrediten zu erfassen; denn ein Fortsetzungsvorsatz, der hier allein die Strafbarkeit begründen könne, werde oft nicht nachweisbar sein.

---

festhält, daß das Strafrecht generell nur als „ultima ratio" der Rechtspolitik eingesetzt werden darf. Mit Recht wurde deshalb in den Ausschußberatungen bemerkt, daß in § 265 b „die verständlichen Grenzen der [gesetzlichen] Typisierung überschritten" seien (Prot. 7/2764).
[113] Alternativ-Entwurf eines Strafgesetzbuches, Besonderer Teil: Straftaten gegen die Wirtschaft (1977), vorgelegt von Lampe, Lenckner, Stree, Tiedemann und Weber.
[114] Vgl. unten S. 77.
[115] Prot. 7/2762 ff.; Bericht BT-Drucks. 7/5291 S. 15.

3. Die inkriminierte Täuschung sei auch bei der Beantragung eines Kleinkredits strafwürdig; praktisch aus dem Tatbestand des § 265 b ausgeschieden würden Kleinkredite lediglich, weil es insoweit an einem Strafbedürfnis fehle. Mangelndes Strafbedürfnis aber zwinge den Gesetzgeber nicht, auf die Strafbarkeit insgesamt zu verzichten.

Diese Gründe vermögen m. E. nicht zu überzeugen. Denn:

1. Mag es auch sein, daß die *meisten* Kleinkredite nicht unter den Tatbestand des § 265 b fallen, weil sie keine Betriebskredite sind oder weil keine schriftlichen Angaben für sie gefordert werden; für die verbleibenden *wenigen* betrieblichen Kleinkredite unter 20 000 DM ist die Vorverlegung der Strafbarkeit auf die Täuschungshandlung illegitim und ein Verstoß gegen die eigenen Intentionen des Gesetzgebers. — Im übrigen: Wer garantiert, daß wirklich die *meisten* Kleinkredite aus dem Tatbestand des § 265 b praktisch herausfallen? Die gegenwärtigen Gepflogenheiten? Sie können sich ändern und sollten demnach nicht zur Grundlage einer notwendig starren Gesetzgebung gemacht werden. Schon jetzt bestehen solche Gepflogenheiten ja allenfalls bei der *Beantragung* eines Kredits[116], nicht aber bei der *Bitte um Stundung* einer Rückzahlungsverpflichtung[117]: Ein Schuldner, der von sich aus[118] schriftlich um die Stundung einer Kaufpreisforderung nachsucht, fällt daher schon heute unter das Täuschungsverbot des § 265 b, auch wenn seine Restschuld nur noch wenige Mark beträgt[119].

2. Das Problem der Kettenbetrügereien sollte nicht überschätzt werden. Kettenbetrügereien sind selten und lassen sich in aller Regel durch den Betrugstatbestand des § 263 auffangen[120]. Die Kreditwirtschaft bedarf gerade in dieser Hinsicht keines weiteren strafrechtlichen Schutzes.

3. Die Strafwürdigkeit der Erschleichung von Kleinkrediten ist, wie bereits ausgeführt, im Rahmen des § 265 b irrelevant und steht im

---

[116] Man beachte in diesem Zusammenhang allerdings auch die Neufassung des § 18 KWG, die von einer Mindestkreditsumme von 50 000 DM ausgeht.

[117] Zutreffend Dreher / Tröndle, StGB § 265 b Rdnr. 12: „Hier liegt die entscheidende Erweiterung gegenüber § 19 KWG, die ... der Erwartung des Gesetzgebers, § 265 b werde auch ohne ausdrückliche Begrenzung auf eine Mindestsumme praktisch nur bei größeren Krediten eine Rolle spielen, den Boden entziehen."

[118] Die Begründung des Regierungsentwurfs (BT-Drucks. 7/3441 S. 31) stellt darauf ab, daß „Anfragen schriftlich beantwortet werden"; im Tatbestand des § 265 b sucht man eine entsprechende Begrenzung jedoch vergeblich (vgl. Lampe in BT-Drucks. 7/2516).

[119] Ebenfalls sind bei der Beantragung eines Warenkredits solche Gepflogenheiten m. W. niemals festgestellt worden.

[120] So auch Schröder in Prot. 7/2541; Beratungen Prot. 7/2763.

übrigen unbewiesen im Raum. Sicher ist lediglich, daß *einzelne kleine Kreditbetrügereien* die Kreditwirtschaft als solche *nicht* gefährden[121]. Eine Gefährdung durch die *Massierung* derartiger Handlungen ist bisher nicht beobachtet worden; sie würde auch nur einen schärferen Individualschutz für die einzelnen Kreditinstitute legitimieren, nicht aber eine Sondernorm zum Schutz der Kreditwirtschaft als solcher[122].

Deshalb erscheint mir die vom Alternativ-Entwurf geforderte Einschränkung der Strafbarkeit auf Kredite über 20 000 DM als eine gesetzgeberisch vertretbare Lösung, die noch dazu den Vorteil der Rechtsklarheit besitzt.

3. Die Tathandlung

Den zweiten Schritt zur Beseitigung der oben geschilderten Beweisschwierigkeiten tat der Gesetzgeber dadurch, daß er die *Tathandlung* durch leicht nachweisbare Merkmale zu beschreiben suchte.

In der ersten Alternative besteht die Tathandlung darin, daß „im Zusammenhang mit einem Antrag auf Gewährung, Belassung oder Veränderung der Bedingungen eines Kredits" (worunter — aus Beweisgründen — auch jede Verschärfung von Kreditbedingungen fällt, obwohl von daher der Kreditwirtschaft keine Gefahr droht[123]) *„über wirtschaftliche Verhältnisse unrichtige oder unvollständige Unterlagen vorgelegt"* werden; als Beispiele erwähnt das Gesetz „Bilanzen, Gewinn- und Verlustrechnungen, Vermögensübersichten oder Gutachten"[124]. Der Zweck dieser Bestimmung ist im vorigen Abschnitt angedeutet worden: Er besteht darin, aus der Vielzahl möglicher Täuschungshandlungen eine besonders gefährliche Gruppe herauszuheben, bei denen der Kreditgeber auf die ihm gemachten Angaben in besonderem Maße vertraute, weil ihm hierüber eigens Beweismittel zur

---

[121] Hellner in Prot. 7/2533.
[122] Vgl. oben 1.
Lenckner in Schönke / Schröder, StGB § 265 b Rdnr. 21, sieht eine strafwürdige Gefährdung des Kreditwesens bei Kleinkrediten sogar schon „in der (potentiellen) Massierung solcher Handlungen". Die potentielle Massierung kann jedoch allenfalls Legitimation für die Anwendung generalpräventiver Grundsätze bei der Bestrafung von Kleinkredit-Betrügern sein.
[123] Durch die weite Fassung des § 265 b wollte der Gesetzgeber alle Feststellungen überflüssig machen, ob eine Veränderung der Kreditbedingungen (z. B. die Herabsetzung der Zinsen bei gleichzeitiger Verkürzung der Laufzeit) für den Kreditnehmer vorteilhaft oder nachteilig ist (BT-Drucks. 7/3441 S. 31; Dreher / Tröndle, StGB § 265 b Rdnr. 15; Samson, SK-StGB § 265 b Rdnr. 12; Heinz in GA 1977/214 f.; Müller-Emmert / Maier in NJW 1976/1662). Anders insofern § 187 AE.
[124] Ferner rechnen hierher Briefe, Verträge, Patentschriften, Bankauskünfte, Mietenverzeichnisse, Fotographien, Modelle u. ä. (Dreher / Tröndle, StGB § 265 b Rdnr. 20; Samson, SK-StGB § 265 b Rdnr. 16; Müller-Emmert / Maier in NJW 1976/1662).

Verfügung gestellt wurden; daneben wird vermutet, daß die genannten Beweismittel nur bei größeren Krediten verlangt und vorgelegt werden.

Welche Bedenken gegen die gesetzgeberische Richtigkeit dieser Begrenzung bestehen, habe ich ebenfalls bereits ausgeführt[125]. Zusätzlich möchte ich nur noch hinter ihre *Praktikabilität* ein Fragezeichen setzen. Denn zwar ist richtig, daß der Inhalt und damit auch die Vollständigkeit und Wahrheit von schriftlichen Unterlagen grundsätzlich[126] leichter nachweisbar ist als die von mündlichen Angaben. Ob damit aber insgesamt die beim Kreditbetrug i. S. des § 263 bestehenden Beweisprobleme beseitigt sind, steht auf einem ganz anderen Blatt. Diese liegen nämlich nicht nur in der Feststellung der Unrichtigkeit von tatsächlichen Angaben, sondern auch in der Feststellung der Unrichtigkeit von Wertansätzen. Und hier ist durch den neuen Tatbestand so gut wie nichts gewonnen[127]. Ob etwa eine Bilanz oder ein Gutachten richtig oder falsch ist, wird oft auch unter Fachleuten streitig sein[128]. Selbst wenn aber vom Gericht insofern Klarheit hergestellt wird, kann sich der Täter immer noch mit der Behauptung Gehör verschaffen, er habe die Bilanz oder das Gutachten für richtig gehalten und daher nicht vorsätzlich i. S. des § 265 b gehandelt[129]. Darüber hinaus braucht der Täter vom Inhalt der Bilanz oder des Gutachtens noch nicht einmal Kenntnis zu besitzen; auch für diesen Fall scheidet in aller Regel eine Verurteilung wegen bedingt vorsätzlicher Vorlegung unrichtiger Unterlagen aus[130]. Es gibt also Bestrafungshindernisse in Fülle.

---

[125] Vgl. oben S. 45.

[126] Jedoch nicht ausnahmslos! Sind die Unterlagen zwar vorgelegt worden, jedoch nicht im Besitz des Kreditgebers verblieben, können genau dieselben Beweisprobleme auftreten wie bei mündlichen Angaben (vgl. dazu Samson, SK-StGB § 265 b Rdnr. 16).

[127] Dies hat schon Prost in seinem Gutachten für die Sachverständigenkommission zur Bekämpfung der Wirtschaftskriminalität vorhergesagt. Er schreibt dort (Tagungsberichte Bd. V Anl. 3 S. 14): „In der Praxis wird es weniger darum gehen, daß nicht existente Aktiven vorgetäuscht oder bestehende Schulden verschwiegen werden, als darum, daß bestimmte Aktiven zu hoch und bestimmte Passiven zu niedrig bewertet und Risiken künftiger Entwicklungen, die sich erst ex post gezeigt haben, falsch eingeschätzt worden sind ... Der Wert von Warenlagern, Maschinen, Außenständen, Patenten, des Know-how und sonstiger Posten des Anlage- und Umlaufvermögens ist stark von zahlreichen Momenten abhängig, die sowohl die allgemeinen Wirtschaftsverhältnisse als auch die Situation des einzelnen Kreditnehmers im Zeitpunkt der ihm zur Last gelegten Tat betreffen, etwa wie der damalige Kurs der Wirtschafts- und Währungspolitik, die Konjunktur- und Wettbewerbslage, der Stand und die voraussichtliche Entwicklung des Steuerrechts usw., Fakten, die mitunter erst nach Jahren rekonstruiert werden müssen. Entsprechendes gilt für die Bewertung der Passiven."

[128] Vgl. Junge in Prot. 7/2521; Hintzen in Prot. 7/2528; Stellungnahme BDI u. a. in Prot. 7/2624.

[129] Vgl. Dreher / Tröndle, StGB § 265 b Rdnr. 20, 27; Schönke / Schröder / Lenckner, StGB § 265 b Rdnr. 48.

[130] Stellungnahme BDI u. a. in Prot. 7/2624.

Alternativ kann die Tathandlung darin bestehen, daß der Täter „*über wirtschaftliche Verhältnisse schriftlich unrichtige oder unvollständige Angaben*[131] *macht*". Auch insofern standen für den Gesetzgeber Vertrauens- und Beweisinteressen im Vordergrund[132]. Ob zu Recht, erscheint wiederum zweifelhaft. Denn das Vertrauensinteresse ist vom Gesetz viel zu ungenau artikuliert[133], als daß es Schutzgut sein könnte[134]; und der Berücksichtigung des Beweisinteresses[135] widerspricht von vornherein die materielle Natur allen Strafunrechts.

---

[131] Nach Dreher / Tröndle, StGB § 265 b Rdnr. 21, brauchen die Angaben im Gegensatz zu § 263 nicht tatsächlicher Art zu sein; es genüge z. B. die Behauptung, daß der Kreditnehmer bei Fälligkeit des Kredits zur Rückzahlung imstande sein werde. Eine sehr weitgehende und m. E. bedenkliche Interpretation!

[132] Vgl. BT-Drucks. 7/3441 S. 31; Göhler / Wilts in DB 1976/1658. — Die von Göhler / Wilts geäußerte Befürchtung einer „Anzeigenflut" kann im Hinblick auf die bisher geübte und von Vertretern der Praxis auch für die Zukunft prognostizierte Zurückhaltung bei der Erstattung von Strafanzeigen seitens der Kreditinstitute als Argument für die Begrenzung auf schriftliche Angaben kaum ernst genommen werden.

[133] z. B. wird sich aufgrund von Vertrauensinteressen kaum objektiv entscheiden lassen, wann Angaben „unvollständig" sind (vgl. Stellungnahme BDI u. a. in Prot. 7/2624).

[134] Demgegenüber meint Lenckner (Schönke / Schröder, StGB § 265 b Rdnr. 37), schriftlichen Angaben werde vielfach größere Überzeugungskraft beigemessen, weil hier „eher als beim spontan gesprochenen Wort" davon auszugehen sei, „daß der Betreffende sich wohl überlegt hat, was er sagt, dies zumal auch deshalb, weil er bei schriftlichen Angaben Gefahr läuft, daß diese ihm leichter vorgehalten werden können". Selbst wenn diese größere Überzeugungskraft gelegentlich bestehen sollte, ist sie jedoch juristisch nicht faßbar, da eben nicht das „spontan gesprochene Wort" der „wohlüberlegten" schriftlichen Angabe gegenübergestellt werden kann. Wenn der Kreditgeber, wie vielfach üblich, die mündlichen Angaben des Kreditnehmers in ein Formular aufnimmt, das der Kreditnehmer anschließend unterschreibt, braucht sich die „Überlegung" ohnehin nur auf die Unterschrift zu beziehen, nicht auf den Inhalt des Unterschriebenen. Die „Gefahr" liegt also, wie mir scheint, allein in der leichteren Beweisbarkeit der Lüge gegenüber dem Kreditnehmer, nicht in der größeren Überzeugungskraft der Lüge gegenüber dem Kreditgeber.

In den Beratungen des Sonderausschusses (Prot. 7/2769) ist das Erfordernis der Schriftlichkeit als eine Art Bedingung der Strafbarkeit dargestellt worden. Wäre es eine echte Bedingung der Strafbarkeit, bräuchte sich der Vorsatz nicht darauf zu erstrecken — das aber will der Gesetzgeber offenbar nicht. Muß sich aber der Vorsatz auf das Merkmal erstrecken, dann gehört es eben zum Unrecht und muß sich materiell als Unrechtsmerkmal begründen lassen.

[135] Wir haben hier, im Erfordernis der Schriftlichkeit, den — m. W. bisher im Strafrecht einmaligen — Fall vor uns, daß die prozessuale Beweisbarkeit einer Unrechtsvoraussetzung auf ein spezielles Beweismittel, nämlich den Urkundenbeweis, beschränkt und diese Beschränkung zur materiellen Unrechtsvoraussetzung erhoben wird.

Zutreffend dem gegenüber § 187 AE mit der allerdings zu knappen Begründung, daß „die Einholung auch mündlicher Auskünfte bei der Bewertung der Auftragsbestände, Absatzchancen usw. in der Kreditpraxis eine wesentliche Rolle spielt" (Begr. S. 71).

II. Der Kreditbetrug des § 265 b StGB

In beiden Alternativen muß die Täuschung „*für den Kreditnehmer vorteilhaft und für die Entscheidung über einen solchen Kreditantrag erheblich*" sein.

Ob Angaben *vorteilhaft* sind, richtet sich gemäß allg. M. allein danach, ob sie geeignet sind, den Kreditantrag zu unterstützen[136]. Indessen wurde schon betont, daß der Gesetzgeber den Tatbestand insofern zu weit gefaßt hat. Eine — sei es auch nur abstrakte — Gefährdung des „Kreditwesens als solchen" ist durch einen auf täuschende Angaben gestützten Antrag nämlich immer dann ausgeschlossen, wenn der Antrag einen wirtschaftlich sinnvollen Kredit betrifft. Der Tatbestand ist daher m. E. teleologisch auf den „Vorteil" zu reduzieren, der dem Kreditnehmer (aufgrund seines Antrags) als wirtschaftlich *nicht* sinnvoller Kredit zufließen soll.

Über die *Erheblichkeit*[137] einer Angabe für die Kreditgewährung[138] entscheidet nach dem Bericht des Sonderausschusses das Urteil eines „verständigen, durchschnittlich vorsichtigen Dritten"[139]. Daß damit kein Maßstab aufgestellt, sondern der Richter lediglich auf die Suche nach einem solchen geschickt wird, ist offensichtlich. Um es noch an einigen Beispielen zu belegen: Gehören die Streitbefangenheit einer Sache, ein Prozeß mit dem Finanzamt, vergebliche Versuche, anderwärts Kredit zu erhalten, oder die veränderte Konkurrenzsituation aufgrund einer Neugründung in der Nachbarschaft zu den für die Kreditgewährung „erheblichen" Umständen? Eine sichere Antwort darauf läßt sich nicht geben[140]. Deshalb erscheint es mir verständlich, wenn die Wirt-

---

[136] Dazu Samson, SK-StGB § 265 b Rdnr. 22: „Weder kommt es darauf an, ob die Angabe die Entscheidung tatsächlich günstig beeinflußt hat, da die Strafbarkeit vor der Entscheidung feststehen muß, noch darauf, ob der Handelnde an eine vorteilhafte Beeinflussung lediglich geglaubt hat. Entscheidend ist vielmehr, ob ein objektiver Beobachter zur Zeit der Tat eine solche positive Beeinflussung der Entscheidung für möglich gehalten hätte." Vgl. ferner BT-Drucks. 7/3441 S. 31; BT-Drucks. 7/5291 S. 15 f.; Göhler / Wilts in DB 1976/1659; Heinz in GA 1977/215 FN 165. — Kritisch Haft in ZStW 88/369.

[137] Dem Merkmal der Erheblichkeit soll nach Meinung des zuständigen Referenten im BMJ „für das Profil des Tatbestandes entscheidende Bedeutung" zukommen (vgl. Prot. 7/2770).

[138] Durch die Formulierung „für einen solchen Antrag erheblich" soll im Gesetz selbst klargestellt werden, „daß es nicht auf die konkreten Verhältnisse des Einzelfalls, sondern auf die abstrakte Beurteilung dieser Frage ankommt" (Prot. 7/2770). Kritisch dazu indessen Dreher / Tröndle, StGB § 265 b Rdnr. 23: Es müsse gerade darauf ankommen, was nach den konkreten Umständen des Einzelfalles für den Kreditgeber wesentlich ist, beide Seiten für wesentlich halten und der Kreditgeber dem Antragsteller verständlicherweise als für ihn wesentlich bezeichnet.

[139] BT-Drucks. 7/5291 S. 16; vgl. auch Müller-Emmert / Maier in NJW 1976/1662; Göhler / Wilts in DB 1976/1658.

[140] Besonders prekär wird die Situation, „sofern ausnahmsweise einmal die wirtschaftlichen Verhältnisse eines Dritten entscheidungserheblich sein

schaftsverbände gerade dieses Begriffsmerkmal zum Anlaß genommen haben, zu erklären: „Eine Strafbarkeit, die sich an derart unbestimmten Begriffen orientiert, kann nicht mehr als ausreichend bestimmt angesehen werden[141]."

Das bereits mit dem Erfordernis der „Vollständigkeit" (Abs. 1 Nr. 1 a) angegangene — aber nicht gelöste — Problem des Unterlassens von Mitteilungen, die für die Entscheidung über einen Kreditantrag erheblich sind, wird in § 265 b Abs. 1 Nr. 2 für einen Teilbereich endgültig gesetzgeberisch entschieden: Danach müssen „Verschlechterungen[142] der in den Unterlagen oder Angaben dargestellten wirtschaftlichen Verhältnisse, die für die Entscheidung über einen solchen Antrag erheblich sind, bei der Vorlage" der Unterlagen oder Angaben mitgeteilt werden.

Praktisch hat diese Vorschrift allerdings nur eine minimale Bedeutung. Im allgemeinen wird die Vorlage von Unterlagen und Angaben nämlich die (konkludente) Erklärung enthalten, daß diese den Vermögensstand des Antragsstellers soweit richtig wiedergeben, als das aufgrund der gegenwärtigen Übersicht — etwa aufgrund kaufmännischer Buchführung, aufgrund eingegangener Verträge usf. — möglich ist. Soweit Vermögensaufstellungen ein Datum tragen, wird konkludent erklärt, daß die Aufstellung für diesen Zeitpunkt richtig ist und sich seither keine wesentlichen Veränderungen ergeben haben, welche die Vermögenslage in einem anderen Licht erscheinen lassen. Insoweit handelt es sich also um ein Begehungsdelikt, das unter § 265 b Abs. 1 Nr. 1 fällt. — Für eine Strafbarkeit nach Nr. 2 bleibt nur die Vorlage einer älteren Unterlage übrig oder eine Angabe, die offensichtlich nicht im Zusammenhang mit dem Kreditantrag gemacht, aber im Zusammenhang mit ihm vorgelegt wird[143]. Hier verpflichtet das Gesetz den Kreditnehmer, auf die seither eingetretene Verschlechterung der Vermögenssituation hinzuweisen[144].

---

können" und dann „auch vom Tatbestand erfaßt werden" (BT-Drucks. 7/3441 S. 32). Gehört dann die gesamte Vermögenssituation dieses Dritten, für die etwa der Kreditnehmer sich verbürgt hat, zur vollständigen Darstellung der wirtschaftlichen Verhältnisse? Für eine solche sehr weite Auslegung Wilts in Prot. 7/2769 f.

[141] Stellungnahme BDI u. a. in Prot. 7/2624. Ferner Haft in ZStW 88/369; Schönke / Schröder / Lenckner, StGB § 265 b Rdnr. 2 a.

[142] Dieses Merkmal entspricht der „Vorteilhaftigkeit" in Nr. 1 (vgl. Berz in BB 1976/1439 FN 49).

[143] Damit erledigt sich die Behauptung von Samson (SK-StGB § 265 b Rdnr. 24 f.) und Berz (in BB 1976/1439), § 265 b Abs. 1 Nr. 2 enthalte ein Begehungsdelikt. Im übrigen führt auch die hier vertretene Auffassung zu den von Samson entwickelten Konsequenzen, so daß der Meinungsstreit ohne jede praktische Bedeutung ist.

Übereinstimmend mit dem Text BT-Drucks. 7/3441 S. 31; Müller-Emmert / Maier in NJW 1976/1662; Göhler / Wilts in DB 1976/1658. Vgl. auch Prot. 7/2771.

4. Die Begrenzung der Vorschrift auf von Betrieben gewährte Betriebskredite

Einen Kreditbetrug i. S. des § 265 b kann nur begehen, wer mittels Täuschung bei „einem Betrieb oder Unternehmen" für „einen Betrieb oder ein Unternehmen" einen Kredit beantragt. Diese Einschränkung der Strafbarkeit auf — anders formuliert — *von Betrieben gewährte Betriebskredite* hat einen doppelten gesetzgeberischen Sinn: Sie soll gewährleisten,

— daß nur die täuschende Beantragung *größerer* Kredite unabhängig von § 263 unter Strafe steht;

— daß nur *wirtschafts*kriminelles Verhalten bereits im Vorfeld des Betruges erfaßt wird.

In beiden Hinsichten ist die Tendenz des Gesetzgebers grundsätzlich zu begrüßen. Daß er sein Ziel nicht erreicht, liegt daran, daß er sich eines nur teilweise tauglichen Mittels bedient hat.

Betriebe oder — gleichbedeutend — *Unternehmen* sind gemäß § 265 b Abs. 3 Nr. 1 diejenigen Wirtschaftssubjekte, „die nach Art und Umfang einen in kaufmännischer Weise eingerichteten Geschäftsbetrieb erfordern". Diese Formel ist dem § 2 HGB entnommen, sie kehrt aber auch in § 1 Abs. 1 KWG wieder und umfaßt, vereinfacht ausgedrückt, alle organisatorisch größeren Wirtschaftssubjekte unabhängig davon, ob sie Muß-Kaufleute nach § 1 HGB oder Soll-Kaufleute nach § 2 HGB sind[145]. Bei der *Vergabe* von Krediten ist nach der Rechtspraxis und der Praxis des Bundesaufsichtsamtes ein kaufmännischer Geschäftsbetrieb dann erforderlich, wenn das Kreditvolumen 50 000 DM übersteigt und sich aus mindestens zehn Darlehensverträgen zusammensetzt[146]. Für die Kredit*aufnahme* dürften entsprechende Größenordnungen maßgeblich sein[147].

Das Abstellen auf die Organisationsform der *Kreditnehmer* läßt sich durch zwei Gründe rechtfertigen:

— zum einen vermindert eine komplizierte Organisation die Überschaubarkeit der Vermögensverhältnisse für den Kreditgeber, so daß er stärker gefährdet ist;

---

[144] Und zwar offenlichtlich auch dann, wenn ein Irrtum beim Kreditgeber ausgeschlossen ist.

[145] Da die Definition des § 265 b Abs. 3 Nr. 1 nicht auf die Kaufmannseigenschaft abstellt, sondern „Betriebe und Unternehmen unabhängig von ihrem Gegenstand" erfaßt, fallen auch Betriebe der Land- und Forstwirtschaft (BT-Drucks. 7/5291 S. 15; Prot. 7/2766) sowie die freien Berufe (Architektenbüros, Rechtsanwaltskanzleien, Wirtschaftsprüfergesellschaften u. ä.) unter den Anwendungsbereich der Norm.

[146] Bähre / Schneider, KWG § 1 Anm. 6; Tiedemann / Cosson, S. 10.

[147] Bedenken gegen die gesetzliche Bestimmtheit des § 265 b Abs. 3 Nr. 1 bei Hintzen in Prot. 7/2529.

A. Der Kreditbetrug

— zum anderen brauchen hauptsächlich Betriebe mit größerer Organisation jene Großkredite, die der Tatbestand allein erfassen soll[148].

Gleichwohl tragen beide Gründe die Begrenzung der Kreditnehmer auf Betriebe, die einen kaufmännisch eingerichteten Geschäftsbetrieb erfordern, nicht[149]. Denn es erscheint nicht sinnvoll,

— daß nunmehr unter gleichen Voraussetzungen der Inhaber eines Betriebes ohne kaufmännische Organisationsstruktur, aber mit hohem Umsatz — etwa der Inhaber eines Leasing-Unternehmens der Computerbranche, der im Jahr nur drei Großverträge abschließt — bei der Beantragung eines Großkredits straffrei bleibt, während der Leiter eines mittleren Unternehmens mit kaufmännischer Organisationsstruktur, der seinen Firmenwagen über einen Bankkredit finanzieren will, nach § 265 b bestraft werden kann;

— daß nunmehr kaufmännische Großunternehmen auch bei Kleinkrediten einer schärferen Haftung unterliegen als Kleinbetriebe, obwohl sie im allgemeinen größere Sicherheiten für die Rückzahlung des Kredits bieten.

Allerdings ist Abhilfe hier schwierig. Die vom Alternativ-Entwurf vorgeschlagene Begrenzung auf Kreditgewährungen, die „für beide Teile Handelsgeschäfte" sind, scheidet nicht-kaufmännische Unternehmen wie Anwalts- und Architektenbüros, Wirtschaftsprüfergesellschaften, größere Unternehmen der sog. Urproduktion sowie nicht eingetragene Soll-Kaufleute (§ 2 HGB) aus dem Strafbarkeitsbereich aus und läßt daher in anderer Weise eine fühlbare Lücke[150]. Doch fragt sich, ob diese Lücke nicht leichter in Kauf zu nehmen ist als die des § 265 b[151, 152].

---

[148] Vgl. BT-Drucks. 7/5291 S. 15; Prot. 7/2762.
[149] Vgl. auch ferner Hintzen in Prot. 7/2528; Stellungnahme des BDI u. a. in Prot. 7/2624.
[150] Vgl. BT-Drucks. 7/3441 S. 32; Beratungen des Sonderausschusses in Prot. 7/2761 f.
[151] Vgl. auch Tiedemann in ZStW 87/263.
Eine Lücke besteht ja auch nach § 265 b für Kaufleute, die innerhalb ihres privaten Bereichs, jedoch gestützt auf das Renommee ihrer kaufmännischen Funktion im Wirtschaftsleben sich Kredite erschleichen. Ein Beispiel hierfür hat Schröder in der Anhörung vor dem Sonderausschuß berichtet (Prot. 7/2537, 2540): Ein Direktor einer größeren Geschäftsbank hatte innerhalb eines Zeitraums von zwei Jahren sechs größere Mietshäuser käuflich erworben und sich bei anderen Kreditinstituten dafür Kredite erschlichen, die teilweise den tatsächlichen Wert der Häuser um das Zweieinhalbfache überstiegen. Das Verfahren gegen den Bankdirektor wegen Betruges (§ 263) mußte wegen Schwierigkeiten im Nachweis des Schädigungsvorsatzes eingestellt werden: der Bankdirektor hatte nämlich das von den Banken aufgenommene Geld in die Häuser hineingesteckt und dadurch deren Wert erhöht.
[152] Der in BT-Drucks. 7/5291 S. 15 befürchteten Einbeziehung der Klein-

Nicht nur auf seiten der Kreditnehmer, auch auf seiten der *Kreditgeber* setzt das Gesetz die Notwendigkeit eines „in kaufmännischer Weise eingerichteten Geschäftsbetriebs" voraus. Insofern erscheint die Begrenzung noch weniger plausibel. Zwar werden — im Gegensatz zum alten § 48 KWG — zusätzlich zu den Kreditinstituten jetzt auch sämtliche Wirtschaftsbetriebe geschützt, die ihren Kunden auf nichtbankmäßiger Grundlage Kredite gewähren, insbesondere also die Warenlieferanten. Jedoch schafft das Gesetz innerhalb der neu einbezogenen Gruppe gleichzeitig unverständliche Ungleichheiten. Es läßt nämlich die *kleineren Unternehmen*, die über keine kaufmännische Organisationsstruktur verfügen und dennoch ihren Abnehmern, um konkurrenzfähig zu bleiben, auf Kredit liefern müssen, *schutzlos*. Gerade sie bräuchten den Schutz aber weit nötiger als die vom Gesetz geschützten größeren Betriebe[153]. Denn sie können sich weit schwerer als diese einen Überblick über die Finanzlage ihrer Geschäftspartner verschaffen, so daß sie ihren Kredit vielfach auf Vertrauensbasis gewähren müssen. Und von den Folgen eines Vertrauensmißbrauchs werden sie ebenfalls weit härter getroffen als große Betriebe, so daß sich vor allem bei ihnen jene Folgen anschließen werden, die der Gesetzgeber mit seinem Tatbestand bekämpfen wollte: daß auch die Gläubiger des Kreditgebers in Mitleidenschaft gezogen werden.

Als praktischer Nachteil kommt hinzu, daß das Erfordernis eines in kaufmännischer Weise eingerichteten Geschäftsbetriebs beim Kreditgeber und beim Kreditnehmer *im Einzelfall schwer feststellbar* ist. Unredliche Kreditnehmer beispielsweise betätigen ihre Kreditgeschäfte vielfach nur nebenberuflich, während sie hauptberuflich Angestellte etwa in einem Maklerbüro sind. Ihnen gegenüber den Nachweis zu führen, daß ihre Geschäfte nach Art und Umfang einen in kaufmännischer Weise eingerichteten Geschäftsbetrieb erfordern, wird praktisch kaum möglich sein, insbesondere wenn — wie zu erwarten — weder Bücher noch sonstige Unterlagen vorgefunden werden[154]. Auch der vom Zeitpunkt der Strafverfolgung abweichende Zeitpunkt, für den das Erfordernis eines in kaufmännischer Weise eingerichteten Geschäftsbetriebes festgestellt werden muß: der Zeitpunkt der Tathandlung, kann Anlaß zu komplizierten Nachforschungen hinsichtlich des damaligen Geschäftsumfangs, insbesondere hinsichtlich des damaligen Anlage- und Betriebskapitals, des damaligen Umsatzes und Gewinnes sowie der damaligen Zahl und Art der Beschäftigten und

---

und Kleinstkredite, die an Minderkaufleute „üblicherweise" gewährt werden, entgeht der Alternativ-Entwurf durch die Begrenzung der Kreditsumme auf mindestens 20 000 DM.

[153] So auch Dreher / Tröndle, StGB § 265 b Rdnr. 4; Maurach / Schroeder, BT 1 S. 433. Vgl. ferner Prot. 7/2528.

[154] Schröder in Prot. 7/2537; vgl. auch Beratungen Prot. 7/2766.

der Geschäftsvorgänge[155] geben. Selbst wenn aber die Strafverfolgungsorgane das Erfordernis für diesen Zeitpunkt festgestellt haben, kann der Täter ihre Ermittlungstätigkeit fruchtlos machen, indem er einwendet, insoweit nicht vorsätzlich gehandelt zu haben. Diese Einwendung nämlich wird ihm gelegentlich bereits beim eigenen Betrieb, oft aber beim fremden Betrieb, von dem er den Warenkredit erhielt, nur schwer zu widerlegen sein[156].

5. Die Begriffsbestimmung des Kredits

Der Begriff des Kredits ist durch den Sprachgebrauch des täglichen Lebens nicht eindeutig bestimmt. Eine juristische Definition finden wir in § 19 KWG. Da diese Definition sehr weit ist und der Strafgesetzgeber den Rückgriff auf sie ausschließen wollte, hat er in § 265 b Abs. 3 Nr. 2 eine selbständige, sich allerdings eng an § 19 KWG anschließende Begriffsbestimmung aufgenommen.

Ob dies erforderlich war, ist zweifelhaft. § 19 KWG bezieht sich nämlich nur auf die §§ 13 bis 18 KWG, also nicht einmal auf das gesamte Gesetz über das Kreditwesen, insbesondere nicht auf dessen § 1. Deshalb wäre die Definition des § 19 KWG für das Strafgesetzbuch m. E. auch dann nicht maßgeblich gewesen, wenn der Gesetzgeber den Rückgriff auf sie nicht ausdrücklich ausgeschlossen hätte. Die Abgrenzung dessen, was als „Kredit" unter die Schutzbestimmung des § 265 b fallen soll und was nicht, wäre dann der Rechtsprechung überlassen geblieben.

So aber hat der Gesetzgeber eine relativ umfängliche Begriffsbestimmung gegeben, die einige der in § 19 KWG genannten Kreditformen nicht einbezieht (§ 19 Abs. 1 Nr. 5 und 6) und bei anderen Änderungen im Detail anbringt (z. B. § 19 Abs. 1 Nr. 3). Auf all diese Besonderheiten will ich hier nicht eingehen. Erst die Praxis wird zeigen, ob die Begriffsbestimmung des § 265 b Abs. 3 Nr. 2 einerseits umfassend genug ist, um alle strafwürdigen Fälle erschlichener Kreditgewährung in sich aufzunehmen, und ob sie andererseits in der Lage ist, Kredite auszuschließen, deren betrügerische Erlangung im Vorfeld noch nicht strafbar sein sollte.

6. Zusammenfassung

Der zur wirksamen Bekämpfung des Kreditbetruges neu geschaffene § 265 b ist ein rechtsstaatlich bedenkliches, dogmatisch schwer zu

---

[155] Zu diesen Erfordernissen, die an einen „in kaufmännischer Weise eingerichteten Geschäftsbetrieb" zu stellen sind, vgl. Schlegelberger, HGB § 2 Rdnr. 6

[156] Dagegen ist sinnvoll, daß § 265 b auch dann anwendbar ist, wenn der Kredit lediglich „einem vorgetäuschten Betrieb oder einem vorgetäuschten Unternehmen" gewährt werden soll. Ebenso § 187 Abs. 2 AE.

handhabendes, praktisch teilweise stumpfes Instrument. Seine Mängel liegen

a) *unter rechtsstaatlichem Aspekt* in der ungenügenden gesetzlichen Bestimmtheit der Voraussetzungen, die seine Strafdrohung begründen. Wann Bilanzen „unrichtig", wann Unterlagen „unvollständig" sind, wann eine Angabe für einen Kreditantrag „erheblich" ist, wann der Betrieb eines Kreditnehmers oder Kreditgebers einen in kaufmännischer Weise eingerichteten Gewerbebetrieb „erfordert" — das alles ergibt sich aus den Usancen des Kreditgewerbes oder aus Handelsbräuchen, für deren Feststellung es an eindeutigen Kriterien mangelt.

b) *unter dogmatischem Aspekt* in der Unklarheit seiner Konzeption. Wenn man das „Kreditwesen als solches" als vom Gesetzgeber vorgegebenes Rechtsgut akzeptiert, dann läßt sich die Bestrafung weder der Erschleichung von Kleinkrediten noch der täuschenden Beantragung von wirtschaftlich sinnvollen Kreditgewährungen, -belassungen oder -veränderungen rechtfertigen, weil hierdurch das Schutzgut, das ja mehr sein will als das Vermögen oder gar nur das Dispositionsinteresse eines einzelnen Kreditgebers, nicht tangiert wird. Der Tatbestand des § 265 b, der gleichwohl auch diese Verhaltensweisen umfaßt, ist daher teleologisch auf den wahren Schutzbereich zu reduzieren.

Der vom Gesetzgeber selbst gemachte Versuch einer Reduktion der Norm auf das vom Schutzzweck bedingte Maß bringt nicht den gewünschten Erfolg, sondern führt zu weiteren Friktionen. Das gilt für die Begrenzung des Tatbestandes auf von Betrieben gewährte Betriebskredite, die (aufgrund der Definition in Abs. 3 Nr. 1) kleine Firmen aus dem Schutzbereich ausscheidet, obwohl diese für die Kreditvergabe gerade besonders schutzwürdig wären, größere Betriebe dagegen auch dann unter strengere Strafhaftung stellt, wenn sie als Kleinkreditnehmer auftreten (z. B. bei der Finanzierung eines Firmenwagens). Das gilt ferner für das Erfordernis der Schriftlichkeit im Hinblick auf die unwahren oder unvollständigen Angaben, die keineswegs nur bei größeren Krediten gemacht und vor allem keineswegs nur bei größeren Krediten (z. B. Warenkrediten) gefordert werden.

c) *unter praktischem Aspekt* in der Schaffung neuer und in der Beibehaltung alter Beweisschwierigkeiten. Beibehalten sind die Beweisschwierigkeiten hinsichtlich der Unrichtigkeit von allen Wertansätzen, die der Kreditnehmer zur Darstellung seiner wirtschaftlichen Verhältnisse macht oder über die er von dritter Seite erstellte Unterlagen vorlegt, sowie — was besonders schwer wiegt — hinsichtlich des sich hierauf beziehlichen Vorsatzes des Täters. Da in diesem Bereich auch ein großer Teil der Beweisschwierigkeiten beim Betrug des § 263 lag, ist insoweit kein entscheidender Fortschritt gewonnen. Neu geschaffen sind Beweisschwierigkeiten hinsichtlich des Vorliegens von „Betrieben" als Kreditgeber und Kreditnehmer, von Unternehmen also, die „einen in kaufmännischer Weise eingerichteten Geschäftsbetrieb erfordern"; auch dieses Merkmal muß nachweisbar vom Vorsatz des Täters umfaßt sein.

Angesichts all dieser Mängel wird wohl als *Fazit* das Urteil nicht übertrieben erscheinen, daß der Gesetzgeber mit dem neuen § 265 b keinen kriminalpolitisch begrüßenswerten Beitrag zur Bekämpfung der Wirtschaftskriminalität geleistet hat, sondern daß er, *anstatt in dieser Weise, besser gar nicht* tätig geworden wäre.

B. Sonderformen des Kreditbetruges

Bereits § 265 b Abs. 3 Nr. 2 hebt als Form der Kreditgewährung — im Anschluß an § 19 Abs. 1 Nr. 2 KWG — die „Diskontierung von Wechseln und Schecks" heraus. Unzweifelhaft fällt daher der Mißbrauch von Wechseln und Schecks zur Krediterlangung bereits unter den Vorfeldtatbestand des § 265 b Abs. 1. Daß gleichwohl die Sachverständigenkommission zur Bekämpfung der Wirtschaftskriminalität die Problematik von Wechsel- und Scheckbetrügereien auch noch nach dem Inkrafttreten des § 265 b erörterte und unabhängig von ihm gelöst wissen wollte, zeigt, daß dieser Bereich der Kreditkriminalität offenbar eine eigene Gesetzmäßigkeit besitzt und folglich auch nach einer eigenen gesetzlichen Regelung verlangt. In der Tat stellt uns die weitgehende Formalisierung des Wechsel- und Scheckverkehrs vor Sonderprobleme, die zwar teilweise denen beim Kreditbetrug entsprechen, teilweise aber über sie hinausführen.

I. Der Wechselbetrug

Als Wechselbetrug bezeichnet man i. d. R. die täuschende Begebung von *Finanzwechseln,* d. h. — wie § 186 Abs. 1 AE definiert — von Wechseln, denen kein Geschäft „über entsprechenden Warenumsatz oder entsprechende Dienstleistungen zugrundeliegt". Die Bezeichnung „Wechselbetrug" hierfür ist an sich zu weit, da sie auch andere Formen täuschender Wechselbegebung umfaßt, jedoch so üblich, daß sie auch an dieser Stelle gebraucht werden sollen.

Worin liegt nun die wirtschaftliche Besonderheit des Finanzwechsels, der Anlaß gibt, gerade seine Begebung zu inkriminieren? Im allgemeinen dient der Wechsel der Mobilisierung einer noch nicht fälligen Zahlungsforderung aus einem Waren- oder Dienstleistungsgeschäft. Der Kaufmann, der Waren erhalten hat, sie aber nicht bezahlen kann, ohne sie zuvor weiterzuveräußern, ermöglicht es seinem Lieferanten durch Hingabe des Akzepts, den Gegenwert der Lieferung alsbald von einer Bank zu erhalten und dadurch keine Einbuße an Liquidität zu erleiden. Während der Laufzeit des Wechsels veräußert dann der Kaufmann die Ware und tilgt aus dem Erlös bei Fälligkeit die Wechselforderung. Der „Warenwechsel" ist somit ein wirtschaftlich durch die Ware gedeckter Wechsel, ein Wechsel mithin, der durch den Gegenwert, der in den Händen des Wechselschuldners ist, seine Sicherheit erhält[1].

Dieser Gegenwert fehlt beim Finanzwechsel. Er dient allein der Kreditschöpfung, wird also nicht durch den Wert einer Ware, die sich in den Händen des Wechselschuldners befindet, abgesichert, sondern allenfalls durch den wirtschaftlichen Wert, den der Akzeptant mit den Mitteln des Kredits anschafft. Durchschnittlich ist er somit weniger sicher als der Warenwechsel[2].

Die Grenzziehung zwischen Waren- und Finanzwechsel ist allerdings nicht so klar, wie es aufgrund unserer knappen Kennzeichnung erscheinen mag[3]. Da letzthin der Gesichtspunkt der wertmäßigen Sicherheit für die Unterscheidung zwischen Waren- und Finanzwechsel maßgebend ist, wird die Grenzziehung um so schwieriger, je mehr der Akzeptant auch eines Finanzwechsels für die wertmäßige Absicherung Sorge trägt, etwa indem er für den Kredit Waren anschafft oder Investitionen tätigt. In diesen Fällen wird gelegentlich angenommen, daß trotz der Selbständigkeit des Kreditgeschäfts gegenüber dem Waren- oder Investitionsgeschäft der Wechsel wirtschaftlich einem Warenwechsel gleichstehe und daher auch rechtlich wie dieser zu behandeln sei. Die überwiegende Meinung folgt dieser Ansicht jedoch nicht[4].

Wir selbst können uns einer Stellungnahme enthalten, weil die Abgrenzung zwischen Waren- und Finanzwechsel durch die hier kurz angeschnittenen Probleme nicht insgesamt in Frage gestellt wird. Es mögen durchaus Fallkonstellationen vorkommen, wo die Einordnung eines Wechsels als Waren- oder Finanzwechsel Schwierigkeiten bereitet — als Ganzes ist die Unterscheidung zwischen Waren- und Finanzwechseln jedoch wirtschaftlich begründet und praktisch durchführbar. In § 19 Abs. 1 Nr. 1 BBankG hat sie sogar bereits gesetzliche Anerkennung gefunden: hier wird der Rediskont von „Finanzwechseln" untersagt und somit vorausgesetzt, daß eine Unterscheidung des Finanzwechsels von anderen Wechseln möglich ist. Das Strafrecht kann deshalb ebenfalls auf dieser Unterscheidung fußen.

Nicht die Weitergabe von Finanzwechseln überhaupt wird allerdings dem Strafrecht zum Problem; strafrechtlich — wie übrigens auch zivilrechtlich[5] — ist die Kreditschöpfung mittels Finanzwechseln (z. B. Gefälligkeitswechseln) an sich durchaus legitim. Lediglich dort, wo der

---

[1] Baumbach / Hefermehl, Einleitung WG Rdnr. 51 ff.; Ulmer / Heinrich in DB 1972/1101 ff.
[2] Baumbach / Hefermehl, Einleitung WG Rdnr. 56 ff.; Obermüller in NJW 1958/655; Hahn in ZKW 1962/1012.
[3] Dazu Eicke, S. 46 ff.
[4] Vgl. BGHSt in NJW 1976/2028; Otto, S. 11 f.
[5] Vgl. OLG Frankfurt in WM 1968/1187 (1188); Rehfeld / Zöllner, S. 53; Hucko in DB 1969/1135; Obermüller, Wechselmißbrauch, S. 15.

Finanzwechsel, äußerlich vom Warenwechsel nicht unterscheidbar, ohne Hinweis auf seine besondere wirtschaftliche Funktion in Verkehr gebracht oder weitergegeben wird, wo also die Gefahr der Täuschung und der Vermögensbeschädigung im Raum steht, hat das Strafrecht Anlaß, inhibierend einzugreifen oder Auswüchse zu beschneiden.

1. Der Wechselbetrug als Betrug i. S. des § 263 StGB

Als Tatbestand für die Strafverfolgung kommt de lege lata in erster Linie der des Betruges (§ 263) in Betracht. Inwieweit er eingreift, ist umstritten.

Die *Täuschungshandlung* wird von der Rechtsprechung regelmäßig dann bejaht, wenn ein Finanzwechsel ohne entsprechenden Hinweis einer Bank zur Zahlung vorgelegt wird. In dieser Vorlage, heißt es, liege die schlüssige Erklärung des Vorlegenden, daß es sich um einen Warenwechsel handele, der von der Bundesbank rediskontiert werden könne[6]. M. E. wird man allerdings das Merkmal der Täuschung nicht deshalb als erfüllt ansehen können, weil der Vorlegende etwas konkludent erklärt, sondern weil er etwas zu erklären unterläßt, obwohl er nach Treu und Glauben die Rechtspflicht zur Erklärung hat. Im Rechtsverkehr ist nämlich der Warenwechsel die typische Erscheinungsform des Wechsels[7]. Im Rahmen des Betrugstatbestandes aber besteht generell die Verpflichtung, beim Abschluß eines typischen Geschäfts, für das sich im Rechtsverkehr typische Verhaltenserwartungen herausgebildet haben und typische Risikofaktoren in Rechnung gestellt werden, die Abweichung von dieser Typizität offenzulegen, sofern die Abweichung eine erhöhte Vermögensgefährdung mit sich bringen kann. Da die Hereinnahme eines Finanzwechsels das Vermögen der diskontierenden Bank mehr gefährden kann als die Hereinnahme eines Warenwechsels, hat somit der Vorlegende auf die Atypizität des von ihm hereingegebenen Wechsels nach Treu und Glauben hinzuweisen[8].

Während die objektive Täuschungshandlung bei der Vorlage eines Finanzwechsels unschwer bejaht werden kann, bereitet die Feststellung des subjektiven *Täuschungsvorsatzes* weitaus erheblichere Schwierigkeiten. Vorsätzlich handelt nur derjenige Täter, der die mangelnde

---

[6] BGHSt in NJW 1976/2028. Ebenso Lackner, LK-StGB § 263 Rdnr. 45; Schönke / Schröder / Cramer, StGB § 263 Rdnr. 30; Maurach / Schroeder, BT 1 S. 406; Bockelmann in ZStW 79/54; Obermüller in NJW 1958/655; ders. in ZKW 1958/273; Tiedemann in Verh. 49. DJT Bd. 1 S. C 67; Schönle, S. 179. Anders früher RGSt 27/75 (77); 29/349 (350): der Kunde müsse zumindest „geflissentlich", etwa durch Zusätze auf dem Wechsel oder durch Summen mit Pfennigbeträgen, den Eindruck eines Warenwechsels erweckt haben.

[7] Rehfeld / Zöllner, S. 50; Hucko in DB 1969/1135.

[8] Übereinstimmend offenbar auch Otto, S. 16; Bockelmann in ZStW 79/54; Tiedemann in 49. DJT Bd. 1 S. C 67.

Rediskontierbarkeit des von ihm vorgelegten Wechsels kennt. Ist Täter der Akzeptant selbst oder der Aussteller, ist der Wechsel darüber hinaus sogar auf eine ungerade Summe ausgestellt, um ihm den Anschein eines Warenwechsels zu geben, wird allerdings am Vorliegen des Täuschungsvorsatzes nicht nur materiell-rechtlich, sondern auch prozessual kein Zweifel bestehen. Weit schwieriger dagegen ist die Situation dann, wenn der Wechsel bereits durch mehrere Hände gegangen ist und nun z. B. von einem Indossatar der Bank eingereicht wird. Materiell-rechtlich ist hier zu unterscheiden: Glaubte der Indossatar selbst, er habe einen Handelswechsel erhalten, und gibt er ihn nun der Bank in gutem Glauben weiter, so ist er mangels Täuschungsvorsatz von der strafrechtlichen Haftung befreit; dafür kann allerdings derjenige, der den Indossatar in den irrigen Glauben versetzt hatte, wegen Betruges bestraft werden. Relativ gleichgültig ist dabei,

— ob man ihn als unmittelbaren Täter ansieht, weil er im Indossatar bei der Begebung des Wechsels den Irrtum hervorgerufen hatte, es handele sich um einen Warenwechsel;

— oder ob man ihn als mittelbaren Täter betrachtet, weil er damit rechnete, daß der Indossatar den Wechsel einer Bank zur Zahlung vorlegen und dann bei ihr einen entsprechenden Irrtum hervorrufen werde.

Die Rechtsprechung hat, soweit ich sehe, noch nicht entschieden, ob die Grundsätze, die sie für die Vorlage eines Finanzwechsels bei einer Bank entwickelt hat, auch auf die Begebung eines Finanzwechsels an Privatpersonen anzuwenden sind. Indessen spielt das für die Bestrafung, wie wir sehen, dank der Weite des Täterbegriffs keine Rolle.

Unüberwindliche prozessuale Schwierigkeiten des Nachweises entstehen dagegen dann, wenn nicht festgestellt werden kann, ob dem Indossatar der Wechsel wirklich als Warenwechsel angedient wurde oder ob er ihn als Finanzwechsel erhalten hat. Hier wird nicht nur der Indossatar, weil er möglicherweise selbst getäuscht wurde, sondern auch der Indossant, weil er möglicherweise nicht getäuscht, sondern den Charakter des Wechsels als Finanzwechsel offengelegt hatte, nach dem Grundsatz in dubio pro reo freizusprechen sein. Indessen ist dies glücklicherweise kein häufiger Fall.

Das Problem der vorsätzlichen Täuschung ist nicht das einzige und nicht einmal das gravierendste im Rahmen des Betrugstatbestandes. Schärfer noch als beim allgemeinen Kreditbetrug stellt sich beim Wechselbetrug das Problem des *Vermögensschadens:* Wird dieser — verstanden selbstverständlich i. S. einer Vermögensgefährdung[9] — bereits durch den Ankauf eines Finanzwechsels begründet, d. h. ist der Finanz-

---
[9] Vgl. oben S. 25.

I. Der Wechselbetrug

wechsel bereits als solcher ein gegenüber dem Warenwechsel minderwertiges Papier, oder ist über seinen Minderwert und damit über die Frage des Vermögensschadens von Fall zu Fall differenzierend zu entscheiden? Die Meinungen sind nicht nur in der Literatur geteilt[10]; auch die höchstrichterliche Rechtsprechung bietet die volle Breite des Meinungsspektrums, wobei offenbar der faktische Ausgangspunkt der wirtschaftlichen Vermögenstheorie zunächst eine Generalisierung nach Normgesichtspunkten verhinderte und erst die neueste Rechtsprechung auf Umwegen und ohne Erkenntnis der vollen Problematik dazu neigt, die Minderwertigkeit des Finanzwechsels gegenüber dem Handelswechsel *generell* zu bejahen[11].

---

[10] Für eine generelle Minderwertigkeit: Cremer in BB 1958/1082; Obermüller in NJW 1958/656; ders. in ZKW 1958/274.
Für eine differenzierende Betrachtungsweise: Bertling, S. 159; Müller in NJW 1957/1267; Otto, S. 18.

[11] In RGSt 22/20 (20 f.) führt das Reichsgericht noch aus, „daß weder Rechtswirksamkeit noch Wert eines Wechsels im geringsten dadurch bedingt wird, ob derselbe seiner Entstehung nach materiell dieses oder jenes Rechtsgeschäft zu erledigen bestimmt ist, ob er beispielsweise als Rimesse einer Warenschuld oder ohne solche Transaktion ausschließlich für die Vermittlung einer Kreditoperation dient. Entscheidend für den Wert und die Wertbeurteilung eines Wechsels kann seiner inneren Natur nach vielmehr nur die Zahlungsfähigkeit und Kreditwürdigkeit der aus dem Wechsel verpflichteten Personen sein. Sind diese Personen solvent und kreditwürdig, dann ist es vollkommen gleichgültig, ob die Wechselverpflichtung aus sog. Gefälligkeit zwecks freiwilliger Übernahme einer Bürgschaft, zur Begleichung einer Schuld oder aus irgendeinem anderen Beweggrund übernommen worden ist. Denn diese Momente berühren in keiner Weise die Gerechtsame des Wechselnehmers, die Güte oder Sicherheit der Wechselforderung." Ebenso RGSt 27/75 (77).
Erst später schränkt das Reichsgericht diese Auffassung durch die Erwägung ein, daß „die Bewertung eines Wechsels nach Maßgabe der Zahlungsfähigkeit und Kreditwürdigkeit der durch denselben wechselmäßig verpflichteten Personen sich nicht notwendig mit demjenigen Werte deckt, welcher nach den Anschauungen des Verkehrs den Wechsel als Handelsobjekt, insbesondere im Diskontverkehr beigemessen wird" (RGSt 36/367 [368], bemerkenswerterweise ohne Hinweis auf die frühere Rechtsprechung). Aber auch jetzt noch ist das Reichsgericht der Ansicht, daß die Frage nach dem Wert eines Wechsels „tatsächlicher" Natur ist und „nach den konkreten Umständen des Einzelfalls beurteilt und entschieden werden" muß.
In der Folgezeit rückt die Rechtsprechung dann mehr und mehr die „persönlichen Verhältnisse der Getäuschten, insbesondere die wirtschaftlichen Zwecke, die sie mit den erworbenen Sachen oder Rechten erkennbar verfolgt haben", in den Vordergrund (RGSt 49/21 [23]). Das Reichsgericht sieht schließlich die Vermögensschädigung bereits darin, daß — trotz vollwertiger Gegenleistung — „ein Vertragsschluß dem getäuschten Vertragsteil unerwünscht ist" (RGSt 70/49 [52]). Offenbar diesen Standpunkt verobjektiviert der Bundesgerichtshof dann in einer neueren Entscheidung, indem er apodiktisch erklärt, es komme bei der täuschenden Begebung eines den Banken generell unerwünschten Finanzwechsels „für den Schuldvorwurf nicht auf die Bonität der Wechselschuldner an" (BGHSt in NJW 1976/2028 im Anschluß an zwei unveröffentlichte Entscheidungen vom 9. 6. 1959 — 1 StR 188/59, und vom 21. 2. 1961 — 1 StR 634/60); zumindest im Bankbereich sei der Finanzwechsel gegenüber dem Warenwechsel generell wirtschaftlich minderwertig.

M. E. ist allerdings der vor allem in der Literatur vertretenen differenzierenden Meinung der Vorzug zu geben: Sofern man für den Betrug an dem Erfordernis einer konkreten Vermögensgefährdung festhält — und hiervon abzurücken besteht m. E. keine Veranlassung —, kommt es darauf an, ob die für die eigene Leistung erlangte Gegenleistung *im konkreten Fall* einen geringeren Wert hat als derjenige, der sie erhält, marktüblich annehmen darf. Die konkrete Minderwertigkeit hängt beim Diskont eines Finanzwechsels aber von der Zuverlässigkeit der Wechselschuldner ab, die, wenn seriöse Geschäftspartner aufeinander Wechsel ziehen, unumstritten sein kann[12]. Betrug liegt lediglich vor, wenn die aus dem Wechsel verpflichteten Personen insgesamt nicht kreditwürdig sind.

Ist aber auf den konkreten Minderwert des Finanzwechsels abzustellen, dann muß er prozessual nachgewiesen werden. Ein solcher Nachweis wird den Strafverfolgungsbehörden grundsätzlich nicht leichter fallen als beim Kreditbetrug überhaupt[13]. Die alten Beweisprobleme des Kreditbetrugs entstehen dann also beim Wechselbetrug neu.

In diesem Zusammenhang stellt sich darüber hinaus, ganz entsprechend wie beim Kreditbetrug, das Problem des *Schädigungsvorsatzes* und seines Nachweises. Der Wechselschuldner wird — wie die Kreditschuldner überhaupt — seine Vermögenssituation oft weitaus günstiger beurteilen als beispielsweise die diskontierende Bank. Er wird an der materiellen Sicherheit der von ihm hingegebenen Wechsel nicht ernstlich zweifeln und sich stattdessen einreden, „er habe es lediglich satt, sich bei seinen Kreditwünschen einem Verhör bei den Banken auszusetzen"[14]. Zudem ist bekannt, daß manche Schuldner es gelernt haben, sich trotz erdrückender Schulden noch viele Jahre über Wasser zu halten und ihren drängendsten Verpflichtungen nachzukommen, und daß sie, durch gelegentliche Erfolge begünstigt, immer weniger zu realistischen Prognosen neigen, so daß schließlich der Zusammen-

---

[12] Ausführliche Begründung bei Bockelmann in ZStW 79/52: „Es läßt sich nicht bestreiten, daß unter Umständen auch ein bloßer Finanzwechsel ein guter Wechsel ist. Man nehme nur den Fall, daß eine Gefälligkeitsunterschrift auf einem Wechsel von einer Person gegeben wird, die gewiß hofft, daß sie nicht in Anspruch genommen werden wird, die aber für den Fall, daß sie doch haften muß, bereit und auch in der Lage ist, ihrer Verpflichtung gerecht zu werden. Übrigens kommt es ja vor, daß Banken selbst Akzepte lediglich zum Zweck der Geldbeschaffung geben. Die im Schrifttum vorwiegend vertretene Meinung, daß, wer Finanzwechsel unter der Vorspiegelung, es seien Kundenwechsel, zum Diskont gibt, jedesmal (versuchten oder) vollendeten Betrug begehe, ist also, falls es auf die besonderen Umstände des Einzelfalles ankommt, nicht richtig." Vgl. ferner Winter in NJW 1960/1949; Otto, S. 18 ff.

[13] Tiedemann, Wirtschaftsstrafrecht Bd. 2, S. 62. Vgl. auch Müller in ZRP 1975/54.

[14] Obermüller in NJW 1958/657; ders. in ZKW 1958/276.

bruch für sie unerwartet kommt[15]. Daß unter solchen Voraussetzungen bei ihnen kein Schädigungsvorsatz vorhanden oder, sofern sie ihn leugnen, ihnen seitens der Strafverfolgungsbehörden zumindest nicht nachweisbar ist, dürfte alsdann offensichtlich sein[16].

2. Der Wechselbetrug als Kreditbetrug i. S. des § 265 b StGB?

Auch § 265 b erweitert den Bereich der Strafbarkeit in dieser Hinsicht nicht. Zwar kann man in der Einreichung eines Wechsels zum Diskont durchaus einen „*Antrag auf Gewährung eines Kredites*" i. S. dieser Vorschrift sehen — nach Abs. 1 nämlich bedarf der Kreditantrag keiner Form, und nach Abs. 3 fällt „die Diskontierung von Wechseln" kraft ausdrücklicher Nennung unter die Arten der Kreditgewährung[17]. Insoweit also bestehen gegen die Einbeziehung des Wechselbetruges unter den Kreditbetrug des § 265 b keine Bedenken. Woran es dagegen fehlt, ist die in Abs. 1 Nr. 1 vorausgesetzte besondere Tathandlung.

Auch insoweit freilich wird man noch annehmen können, daß der Täter durch die Hereingabe eines Finanzwechsels zum Diskont über „*wirtschaftliche Verhältnisse*" täuscht[18]. Der Begriff der „wirtschaftlichen Verhältnisse" ist nämlich „für sich gesehen ebenso umfassend wie unbestimmt"[19]. Er umfaßt — wie die Erwähnung der „Gutachten" in Abs. 1 Nr. 1 lit. a zeigt — auch einzelne Vermögensstücke, deren Wert für die Beurteilung der Kreditwürdigkeit des Schuldners „erheblich" ist[20].

Dagegen stellt die Vorlage eines Finanzwechsels zum Diskont keinen Gebrauch eines der in Abs. 1 genannten Täuschungsmittel dar.

---

[15] Mit Recht schreibt Otto, S. 20 f.: „Hat die Tätigkeit des Täters erst den Umfang angenommen, daß er sich bereits seit längerer Zeit nur noch mit Hilfe der Kredite aus Finanzwechseln hält, so liegt bezüglich der letzten Wechsel sicher ein unproblematischer Fall vor, doch kaum in Bezug auf den oder die ersten Wechsel. Dies um so weniger, als der Wechsel seiner Natur nach Kreditpapier ist, das eben erst nach einem gewissen Zeitablauf fällig wird. Schon beim üblichen 90-Tage-Wechsel wird die Beurteilung der Sicherheit des Wechsels z. B. in einer Krisenzeit des Unternehmens von zahlreichen Überlegungen abhängen, so daß es letztlich oftmals kaum zu entscheiden sein wird, ob der Täter das Bewußtsein der Schädigung seines Geschäftspartners aufgrund der Unsicherheit des Wechsels hatte ..."

[16] Bedenklich BGHSt in NJW 1976/2028.

[17] Dazu auch Schönke / Schröder / Lenckner, StGB § 265 b Rdnr. 25, 16.

[18] Nach der Begründung zum Regierungsentwurf (BT-Drucks. 7/3441 S. 31) gehört die schriftliche Falschauskunft auf die Anfrage, ob dem eingereichten Wechsel ein Warengeschäft zugrunde liegt, zu den durch § 265 b erfaßten Tathandlungen.

[19] Schönke / Schröder / Lenckner, StGB § 265 b Rdnr. 30.

[20] Ausdrücklich heißt es in der Begründung zum Regierungsentwurf (BT-Drucks. 7/3441 S. 31): „Auch die Bewertung eines einzelnen Vermögensgegenstandes kann ein wirtschaftliches Verhältnis im Sinne der Nr. 1 sein." Vgl. ferner BR-Drucks. 5/75 S. 3. Beispielsweise kann sich ein dem Kredit-

Die Vorlage eines Finanzwechsels ist i. S. der Nr. 1 lit. a keine Vorlage einer *„unvollständigen Unterlage"*, da seine Eigenschaft, lediglich der Kreditbeschaffung zu dienen, nach geltendem Wechselrecht nicht aus dem Wechsel selbst ersichtlich zu sein braucht. Allenfalls könnte man bei einem Finanzwechsel, der bewußt auf eine ungerade Summe ausgestellt ist, annehmen, daß er eine *„unrichtige Unterlage"* sei. Doch ist er dann jedenfalls keine unrichtige Unterlage „über" wirtschaftliche Verhältnisse in dem Sinne, daß die Verhältnisse unabhängig von ihm bestehen und er lediglich zu ihrem Nachweis oder zu ihrer Bewertung bestimmt ist. Vielmehr ist er, als abstraktes Schuldversprechen, selbst das „wirtschaftliche Verhältnis" — das in der vorliegenden Form allerdings zu einer falschen Bewertung Anlaß gibt[21].

Schließlich scheidet auch eine Anwendung der Nr. 1 lit. b aus, einesteils, weil der Finanzwechsel keine *„unrichtigen Angaben"* enthält, die in ihm enthaltenen Angaben vielmehr richtig sind; anderenteils, weil seine Angaben nicht als *„unvollständig"* bewertet werden können, da keine Aufklärungspflicht über die Natur des Wechsels besteht, der „schriftlich" genügt werden müßte.

3. Der Tatbestand des Wechselmißbrauchs in § 186 AE

Die praktischen Schwierigkeiten bei der Bestrafung des Wechselbetruges aufgrund des geltenden Rechts führen zu der Frage, ob nicht de lege ferenda ein *Sondertatbestand* Abhilfe schaffen soll.

Die Frage ist m. E. zu bejahen. Denn die Begebung und der Umlauf von Finanzwechseln ist für den Wirtschaftsverkehr anerkanntermaßen gefährlich. Das Vertrauen, welches dem Warenwechsel im Wirtschaftsleben zukommt, wird unbesehen auf den Finanzwechsel übertragen, obwohl dieser das Vertrauen weit weniger verdient. Wenn nun zur Bekämpfung des Vertrauensmißbrauchs im Wechselverkehr keine hinreichenden strafrechtlichen Mittel zur Verfügung stehen, dann kann

---

geber vorgelegtes Wertgutachten lediglich auf das Wohnhaus des Antragstellers beziehen.

[21] Zuzugeben ist, daß in dieser Auslegung viel „Teleologie" steckt, die Auslegung also von einem als vernünftig vorgestellten Ergebnis ihr Ziel erhält (hermeneutischer Zirkel). Das Ergebnis erscheint mir aber deshalb als kriminalpolitisch vernünftig, weil § 265 b offenbar eine weder zur Bestrafung des Wechselbetruges geschaffene noch letztlich hierfür brauchbare Bestimmung ist. Selbst wenn man der oben gegebenen Auslegung nicht folgen und einen Teil der einschlägigen Fälle — nämlich die der konkludenten Täuschung über die Natur des Wechsels — unter den Tatbestand subsumieren wollte, würde doch ein erheblicher Rest von Fällen — wo es nämlich an einer konkludenten Täuschung fehlt und lediglich ein Unterlassen der Aufklärung vorwerfbar ist — außerhalb des Anwendungsbereichs von § 265 b bleiben, ohne daß es gelingen könnte, zwischen den beiden Fallgruppen einen wesensmäßigen Unterschied aufzuzeigen, der ihre unterschiedliche Subsumtion und damit ihre unterschiedliche Bewertung rechtfertige.

die wirtschaftlich unerwünschte Folge eintreten, daß die kreditsichernde Wirkung des Wechsels insgesamt beeinträchtigt wird[22]. Eine solche Folge aber würde sich auf die Gesamtwirtschaft schädigend auswirken, weil der Wechsel — jedenfalls als Warenwechsel — ein wichtiges und wirtschaftspolitisch erwünschtes Mittel zur Geld- und Kreditschöpfung ist[23].

Einen — m. E. tragfähigen — Vorschlag, wie ein Sondertatbestand gegen den Wechselmißbrauch zu formulieren sei, haben die Verfasser des Alternativ-Entwurfs vorgelegt. Ihr § 186[24] knüpft zutreffend an die schon de lege lata bestehende Rechtspflicht an, den Geschäftspartner über den Charakter eines Wechsels als *Finanzwechsel* aufzuklären[25], und stellt in Abs. 1 den vorsätzlichen Verstoß gegen diese Pflicht unabhängig davon unter Strafe, ob der Täter das Vermögen des Wechselnehmers konkret gefährdet hat oder nicht.

Die strafrechtliche Haftung wird in § 186 Abs. 1 lediglich durch zwei Ausnahmen eingeschränkt: Die erste betrifft das Bankakzept[26], den Fall also, daß der Kunde Wechsel auf eine Bank zieht, die ihm die Annahme der Wechsel zugesagt hat. In diesem Fall fehlt es im allgemeinen sowohl an einer Täuschung, da der Charakter des Wechsels als Finanzierungsinstrument offensichtlich ist[27], als auch an einer Vermögensgefährdung, da die Seriosität der bezogenen Bank die Einlösung des Wechsels sichert. — Die zweite Ausnahme betrifft den Fall, daß zwar der Charakter eines Wechsels als Finanzwechsel nicht offensichtlich ist, der Wechsel gleichwohl innerhalb der Vorlegungsfrist eingelöst wird. Hier sieht der Alternativ-Entwurf die Tat zwar als strafwürdig an, nicht aber als strafbedürftig; denn die Einlösung des Wechsels erscheint ihm als ein Indiz dafür, daß eine konkrete Vermögensgefährdung nicht eingetreten war, der Finanzwechsel also von solventen Partnern als Mittel der Kreditbeschaffung benutzt wurde. Für diesen Fall schafft der Alternativ-Entwurf daher einen Strafausschließungsgrund in Form einer negativen Bedingung der Strafbarkeit[28].

---

[22] Ausführliche kriminalpolitische Bewertung der gegenwärtigen Sach- und Rechtslage bei Otto, S. 22 ff. Näheren Aufschluß über die kriminalpolitische Notwendigkeit für einen Sondertatbestand vermöchte freilich nur eine empirische Untersuchung zu geben, die bisher leider nicht vorliegt.

[23] Dazu im einzelnen Hahn in ZKW 1963/183 ff.; Greshake in ZKW 1973/166 ff.

[24] Vgl. unten S. 77.

[25] AE Begr. S. 67. Ferner Schönle, S. 200; Baumbach / Hefermehl, Einleitung WG Rdnr. 62.

[26] Unabhängig davon, ob es sich hier um einen Finanzwechsel oder wegen des Zusammenhangs mit einem Warengeschäft um einen Warenwechsel handelt.

[27] Vgl. auch Abs. 1 Satz 2 Kommissions-Entwurf (siehe unten S. 80).

[28] Kritisch hierzu Otto, S. 31. Vgl. auch Kommissions-Entwurf Abs. 4 (unten S. 80).

Darüber hinaus enthält der Alternativ-Entwurf in § 186 Abs. 2 einen Straftatbestand gegen die *geschäftsmäßige Vermittlung von Finanzwechseln* (Nr. 1) und gegen den *geschäftsmäßigen Austausch von Wechseln und Schecks* (Nr. 2). Beide Formen des Wechselmißbrauchs haben seit den 50er Jahren immer stärkere Bedeutung erlangt. Kreditvermittler hatten zunächst Adressen von Partnern für die Wechselreiterei vermittelt und damit den Aufbau größerer Tauschringe ermöglicht[29]. Nachdem der Bundesgerichtshof ihre Tätigkeit 1958 für sittenwidrig erklärt hatte[30], wechselten sie ihre Praxis. Sie kauften Akzepte an und zahlten den Kaufpreis mit Akzepten anderer Kreditsuchender. Ihr Kunde versah die empfangenen Akzepte dann mit seiner Unterschrift als Aussteller und versuchte, sie bei einer Bank unterzubringen[31]. Da auch diese Tätigkeit auf den Austausch von Finanzwechseln gerichtet ist, dürfte sie ebenfalls sittenwidrig sein[32]. Höchstrichterliche Entscheidungen hierzu sind allerdings, soweit ersichtlich, noch nicht ergangen[33].

Beide Formen des organisierten Austausches von Wechselverpflichtungen sind mit dem geltenden Strafrecht nur schwer zu erfassen. Da die Kunden des Kreditvermittlers wissen, daß sie für ihre eigenen Finanzwechsel ebenfalls nur Finanzwechsel erhalten, sind sie selbstverständlich nicht betrügerisch geschädigt[34]. Erst später entsteht ein Betrugsschaden, und zwar bei denjenigen Personen oder Institutionen, welche die Akzepte als Grundlage eines Waren- oder eines Barkredits in gutem Glauben annehmen, insbesondere also bei den Banken und Lieferanten. Insofern tritt zwar eine strafrechtliche Haftung der Tauschpartner gem. § 263 ein; sie ist jedoch mit den bereits geschilderten Problemen des Nachweises, vor allem hinsichtlich des Betrugsvorsatzes, behaftet. Auch der Vermittler kann bestraft werden, und zwar wegen Beihilfe (§ 27) oder, falls er die Initiative ergriffen hatte, sogar wegen Anstiftung (§ 26) zum Betrug. Die Schwierigkeiten des Nachweises sind ihm gegenüber jedoch noch größer; muß doch zusätzlich zur Betrugsabsicht seiner Kunden noch der Nachweis geführt werden, daß er von

---
[29] Vgl. dazu im einzelnen Eicke, S. 59 ff., 101 ff.; Tiedemann, Wirtschaftsstrafrecht Bd. 2 S. 62 f.; Müller in ZRP 1970/111.

[30] BGHZ 27/172 ff.; vgl. ferner (betr. Scheckreiterei) BGHZ in WM 1969/334.

[31] Gemmer, S. 104 ff.; vgl. auch Franzheim in GA 1972/364 f.

[32] Über Halbdiskont-Geschäfte vgl. Wahl in Kriminalistik 1972/67: Bei dieser Art von Geschäften schließen zwei zahlungsschwache oder -unfähige Firmeninhaber ein „Abkommen über Wechsel" ab. Hierin legen sie fest, daß eine bestimmte Anzahl von Wechseln (Wechselpaket) in bestimmter Höhe ausgefertigt wird. Einer der beiden Partner stellt die Wechsel aus, der andere akzeptiert sie. In der Vereinbarung wird festgelegt, daß der Diskonterlös zu gleichen Teilen geteilt wird.

[33] Weitere Einzelheiten bei Otto, S. 33 f.

[34] Obermüller in ZKW 1958/273.

dieser Betrugsabsicht wußte und selber die von ihm vermittelten Akzepte im konkreten Fall[35] für nicht sicher hielt. Ein solcher Nachweis ist in der Praxis nur selten zu erbringen[36].

Eine besondere Strafdrohung gegen den organisierten Austausch von Wechselverpflichtungen könnte allerdings deshalb überflüssig sein, weil *§ 54 Abs. 1 Nr. 2 KWG* denjenigen unter Strafe stellt, der Bankgeschäfte ohne die erforderliche Erlaubnis betreibt, und weil zu den erlaubnispflichtigen Bankgeschäften nach § 1 Abs. 1 Satz 2 Nr. 3 KWG auch „der Ankauf von Wechsel und Schecks (Diskontgeschäft)" gehört, sofern „der Umfang dieser Geschäfte einen in kaufmännischer Weise eingerichteten Gewerbebetrieb erfordert" (§ 1 Abs. 1 Satz 1 KWG). Indessen ist es bisher zwar in Einzelfällen gelungen, gewerbsmäßige Wechselvermittler hiernach strafrechtlich zur Verantwortung zu ziehen; eine nennenswerte Bedeutung hat dieser Weg bei der Bekämpfung des Wechselmißbrauchs aber nicht erlangt[37]. Auch neben § 54 Abs. 1 Nr. 2 KWG füllt daher die in § 186 Abs. 2 AE vorgeschlagene Regelung eine in der Praxis bestehende Strafbarkeitslücke, indem sie „unter Berücksichtigung der bisherigen Begehungsweisen die Tätigkeit unseriöser Kreditvermittler auf Wechsel- und Scheckbasis erfaßt"[38], und zwar nicht als Beihilfe zu fremdem strafbarem Tun, sondern als eigene täterschaftliche Handlung[39]. — Zweifelhaft ist lediglich, ob ihre Nr. 2 neben der in Abs. 1 bereits vorgesehenen Bestrafung für die Begebung von unseriösen Finanzwechseln erforderlich ist. Doch kann dies als ein dogmatisches und kriminalpolitisches Randproblem hier dahingestellt bleiben.

II. Der Scheckbetrug

Als Scheckbetrug bezeichnen wir die *Begebung eines ungedeckten Schecks* zur Erfüllung einer Verbindlichkeit.

Während die Wechselbegebung grundsätzlich ein Mittel der Kreditsicherung ist, stellt die Scheckhingabe grundsätzlich einen Ersatz für die Barzahlung dar. Nach Art. 28 ScheckG ist der Scheck zwingend bei Vorlage zahlbar; nach Art. 29 ScheckG muß er grundsätzlich innerhalb von acht Tagen nach Ausstellung zur Zahlung vorgelegt werden. Die Angabe eines späteren Datums als Tag der Ausstellung (Vordatierung) kann das Gesetz zwar nicht verhindern; doch verweigert es dem Aussteller wenigstens die Sicherheit, daß der Gläubiger den Scheck nicht

---

[35] Dazu Wahl in Kriminalistik 1972/69.
[36] Otto, S. 36.
[37] Tiedemann, Wirtschaftsstrafrecht Bd. 2, S. 46; ders. in Tiedemann / Cosson, S. 10; Wahl in Kriminalistik 1972/69.
[38] AE, Begründung S. 67.
[39] Otto, S. 38.

vor dem angegebenen Datum vorlegt und dadurch die Zahlungspflicht begründet (Art. 28 Abs. 2 ScheckG). Der Scheck muß also stets gedeckt sein; er „darf nur auf einen Bankier gezogen werden, bei dem der Aussteller ein Guthaben hat" (Art. 3 Satz 1 ScheckG). Fehlt es dem Aussteller am Guthaben und somit dem Scheck an der Deckung, können strafrechtliche Folgen eintreten.

Ebenso wie für den Wechselbetrug steht nun für den Scheckbetrug de lege lata nur der allgemeine Betrugstatbestand des § 263 zur Verfügung. Die juristischen Probleme und Konsequenzen, die sich aus dieser Situation ergeben, sind allerdings weitgehend andere als beim Wechselbetrug. An dieser Stelle sollen sie nur insoweit erörtert werden, als sie sich an die Probleme des allgemeinen Kreditbetrugs anschließen.

1. Der Scheckbetrug als Betrug i. S. des § 263 StGB

Können, wenn der Scheck Ersatz für Bargeld ist, die Probleme des Kreditbetrugs überhaupt beim Scheckbetrug relevant werden?

Nach der *älteren strafrechtlichen Rechtsprechung* können sie es nicht. Diese Rechtsprechung nahm an, daß der Scheck vom Zeitpunkt der Begebung bis zum Ende der Vorlegungsfrist voll gedeckt sein müsse[40] und konstruierte aufgrund dieser Annahme den Betrug so: Die Scheckhingabe enthalte eine konkludente Erklärung über die gegenwärtige Deckung des Schecks[41]; die Unwahrheit der Erklärung liege in ihrer Nichtübereinstimmung mit der gegenwärtigen tatsächlichen Deckungssituation. In ihr, in der tatsächlichen Nichtdeckung, liege gleichzeitig die Vermögensgefährdung, die einem Vermögensschaden gleichstehe.

Nun ist es allerdings kein Geheimnis, daß die juristische Bewertung des Schecks als Bargeldersatz, auf der die Prämisse der älteren Rechtsprechung beruht, und die ökonomische Wirklichkeit nicht unerheblich voneinander abweichen. Im allgemeinen vergehen zwischen der Ausstellung eines Schecks und seiner Präsentation bei der bezogenen Bank drei bis fünf Tage. Fragt die Bank beim Aussteller zurück, ob er bereit sei, für Deckung zu sorgen, so können abermals ein oder zwei Tage hinzukommen, bis feststeht, daß der Scheck nicht eingelöst wird. Eine gewisse, wenn auch sehr kurze *Kreditierung* ist daher mit jeder Zah-

---

[40] BayObLG in JW 1925/1515 (allerdings hatte in diesem Falle der Aussteller ausdrücklich behauptet, der Scheck sei bereits im Zeitpunkt der Begebung gedeckt); OLG Oldenburg in JZ 1951/339 ff. mit abl. Anm. Mezger. Siehe auch Niese in NJW 1952/691 f. — Eingehend zum ganzen Zahrnt, S. 144 ff.

[41] Lediglich bei einer Vordatierung des Schecks fehlt es auch nach der älteren Rechtsprechung i. d. R. an einer Täuschung des Schecknehmers darüber, daß der Scheck bereits im gegenwärtigen Zeitpunkt gedeckt ist (vgl. Otto, S. 53).

lung per Scheck verbunden; sie wird sogar einkalkuliert und nicht als anstößig empfunden[42]. Die ältere Rechtsprechung, die z. Z. der Scheckhingabe Deckung verlangte, andernfalls wegen Betruges bestrafte, ging daher sicher zu weit; sie ist vom Bundesgerichtshof mit Recht aufgegeben worden[43].

Die neuere strafrechtliche Rechtsprechung, die nunmehr statt auf den Tag der Ausstellung auf den Tag der Vorlage abstellt, hat jedoch zu ganz entsprechenden Schwierigkeiten geführt, wie wir sie beim Kreditbetrug und Wechselbetrug bereits kennengelernt haben: Es muß dem Täter nachgewiesen werden, daß im Zeitpunkt der Hingabe des Schecks objektiv mit einer Einlösung im Zeitpunkt der Vorlage nicht zu rechnen war und daß er über diesen Umstand Bescheid wußte[44]. Dies zwingt die Verfolgungsbehörden, sich ebenso wie beim Kreditbetrug einen relativ genauen Überblick über die finanzielle Situation eines Beschuldigten zur Zeit der Scheckhingabe zu verschaffen[45] — also seinen gesamten Scheck-, Überweisungs- und Lastschriftverkehr über einen gewissen Zeitraum hin zu verfolgen, angebliche Außenstände auf ihre Verität und Bonität hin zu überprüfen usf. —, um hieraus dann die Grundlage für das entscheidende (objektiv-nachträgliche) Prognoseurteil zu gewinnen, daß die Einlösung des Schecks durch die bezogene Bank unwahrscheinlich war.

Von dieser Notwendigkeit sind die Strafverfolgungsbehörden lediglich im Falle der *Scheckreiterei* freigestellt[46]. Da hier die Deckung im Zeitpunkt der Vorlage lediglich durch einen Scheck hergestellt wird, der wiederum keine Deckung in Bargeld hat, sondern diese abermals durch einen ungedeckten Scheck findet usw., braucht für die Feststellung des Vermögensschadens nicht erst das Platzen eines Schecks abgewartet zu werden. Vielmehr steht mit der Auszahlung der ersten

---

[42] Dies ergibt sich auch aus dem Vorbehalt in Art. 5 der Anlage II, wonach die Staaten den Zeitpunkt bestimmen können, in welchem der Scheck gedeckt sein muß. Der deutsche Gesetzgeber hat von dem Vorbehalt zwar keinen Gebrauch gemacht, damit aber der in Deutschland h. M. auch nicht widersprochen, daß es für die Deckung des Schecks auf den Zeitpunkt der Vorlegung ankomme.
[43] Vgl. BGHSt 3/69 (70); früher schon RGSt in JW 1927/892. — Übereinstimmend die heute h. L., vgl. Dreher / Tröndle, StGB § 263 Rdnr. 7; Lackner, LK-StGB § 263 Rdnr. 43; Schönke / Schröder / Cramer, StGB § 263 Rdnr. 16, 29; Bockelmann in ZStW 79/49 ff. Liesecke in WM 1971/1231; Niese in NJW 1952/692; Otto, S. 54.
[44] Vgl. im einzelnen Zahrnt, S. 155 ff., 192 ff.
[45] Bertling, S. 40; Otto, S. 64; Tiedemann in ZStW 88/243; ders., Wirtschaftsstrafrecht Bd. 2, S. 64.
[46] Zum folgenden vgl. die Entscheidung BGH 1 StR 504/64 vom 30. 3. 1965, abgedruckt bei Tiedemann / Cosson, S. 72.
Zu entsprechenden Besonderheiten bei sonstigen Serienstraftaten vgl. Otto, S. 62.

Schecksumme durch die Bank der Schaden der Bank definitiv fest, so daß ein vollendeter Betrug gegeben ist[47].

2. Der Scheckbetrug als Kreditbetrug i. S. des § 265 b StGB?

Die Schwierigkeiten beim Nachweis des Scheckbetrugs außerhalb des Sonderfalls der Scheckreiterei lassen sich ebensowenig wie beim Wechselbetrug durch eine Subsumtion des täuschenden Verhaltens unter den neuen Kreditbetrugstatbestand (§ 265 b) überwinden. Denn der ungedeckte Scheck ist weder eine unrichtige noch eine unvollständige Unterlage über wirtschaftliche Verhältnisse i. S. des Abs. 1 Nr. 1 lit. a; erst recht werden durch die Hingabe eines ungedeckten Schecks nicht schriftlich unrichtige oder unvollständige Angaben i. S. des Abs. 1 Nr. 1 lit. b gemacht.

Deshalb stellt sich wiederum die Frage nach der Einführung eines Sondertatbestandes, der speziell gegen den Scheckmißbrauch gerichtet ist.

3. Der Tatbestand des Scheckmißbrauchs in § 184 AE

Die Verfasser des Alternativ-Entwurfs haben — im Anschluß an frühere Forderungen von Wissenschaft und Praxis[48] — einen solchen Sondertatbestand des Scheckmißbrauchs entworfen[49] und seine Erhebung zum Gesetz gefordert. Zur Erläuterung dieses Tatbestandes beschränke ich mich auf wenige Bemerkungen:

Den Grundtatbestand enthält *§ 184 Abs. 1 AE*. Danach wird bestraft, „wer als Aussteller einen Scheck in Verkehr bringt, den die bezogene Bank innerhalb der Vorlegungsfrist nicht einlöst". Man könnte dies für eine auf den Scheck bezogene Neuauflage des Betrugstatbestandes halten. Indessen geht der Tatbestand gerade hinsichtlich der kritischen

---

[47] Irrig freilich ist es, wenn Otto, S. 63, den Vermögensschaden mit der — umstrittenen — Nichtigkeit der Scheckbegebungsverträge bei der Scheckreiterei begründet (vgl. dazu BGHZ in WM 1969/334: „Die Scheckreiterei stellt sich als ein Mißbrauch der Einrichtung des für Zahlungsvorgänge bestimmten Schecks und als eine Gefährdung der gutgläubigen mit dem Einzug solcher Schecks befaßten Kreditinstitute dar. Die mit ihr verfolgten Zwecke der verschleierten Kreditbeschaffung sind sittenwidrig und die Scheckbegebungsverträge nichtig."). Diese Nichtigkeit wirkt sich beim gutgläubigen Scheckeinlöser deshalb nicht als Schaden aus, weil ihm die Nichtigkeit des Begebungsvertrages von den Scheckverpflichteten nicht entgegengesetzt werden kann.

[48] Vorschläge sind unterbreitet worden vom Bundesverband des privaten Bankgewerbes und vom Deutschen Sparkassen- und Giroverband (abgedruckt bei Zahrnt, S. 185); von Fischinger in einem Referat vor dem Strafrechtsausschuß der deutschen Rechtsanwaltskammer (abgedruckt bei Zahrnt, S. 186); von Henzel in ZKW 1959/468; von Bittner, S. 84; von Meincke, S. 89 f. — Weitere Nachweise bei Otto, S. 50 FN 18.

[49] § 184 AE (siehe unten S. 77) nebst Begründung S. 67 ff.

Merkmale der Täuschung und des Vermögensschadens erheblich über den Betrugstatbestand hinaus. Beide Merkmale sind nämlich im Tatbestand ausdrücklich gar nicht, stillschweigend allenfalls als Elemente einer abstrakten Gefährdung enthalten.

Zunächst zur *Täuschung*: Wie erwähnt, nimmt die neuere Rechtsprechung an, daß mit der Begebung eines Schecks konkludent die Erklärung verbunden sei, der Scheck werde bei Vorlage eingelöst werden; in der Unrichtigkeit der Erklärung erblickt sie die Täuschungshandlung[50]. Der Alternativ-Entwurf geht hier weiter: er stellt auch denjenigen Scheckaussteller unter Strafe, der den Schecknehmer nicht täuscht, sondern ihm sogar ausdrücklich sagt, daß für den Scheck keine Deckung vorhanden sei und er deshalb nicht mit der Einlösung rechnen könne.

Ferner zum *Vermögensschaden*: Die h. L. sieht ihn in der konkreten Gefahr, daß der Scheck bei Vorlage nicht eingelöst wird. Der Alternativ-Entwurf bleibt einerseits hinter dieser für die Strafbarkeit gezogenen Grenze geringfügig zurück, indem er für die Strafbarkeit nicht allein die Gefahr der Nichteinlösung genügen läßt, sondern die tatsächliche Nichteinlösung durch die Bank fordert[51]. Andererseits erweitert er aber die Strafbarkeit erheblich, indem er die tatsächliche Nichteinlösung durch die Bank auch dann zur Grundlage der Bestrafung macht, wenn eine konkrete Vermögensgefährdung hiermit nicht verbunden ist — etwa, weil sie schon früher eingetreten war und nicht vertieft werden konnte. Man denke an den Fall, daß der Schecknehmer vorgeleistet hatte und nunmehr seine Leistung nicht Zug um Zug gegen die Scheckhingabe erbringt[52].

Beide Erweiterungen des Strafbarkeitsbereichs sind nur aus der andersartigen Schutzrichtung zu verstehen, die der Scheckmißbrauchstatbestand des Alternativ-Entwurfs gegenüber dem allgemeinen Betrugstatbestand des § 263 verfolgt: der Alternativ-Entwurf will ein abstraktes Rechtsgut, den *Scheckverkehr als solchen*, schützen, nicht das konkrete Vermögen eines Schecknehmers[53]. Und unter diesem Ge-

---

[50] BGHSt 3/69; Dreher / Tröndle, StGB § 263 Rdnr. 7; Lackner, LK-StGB § 263 Rdnr. 43; Schönke / Schröder / Cramer, StGB § 263 Rdnr. 16, 29; Niese in NJW 1952/691 f.; Otto, aaO. S. 54.

[51] Ebenso bereits die Entwürfe des Deutschen Sparkassen- und Giroverbandes sowie von Fischinger, Henzel und Meincke. Entgegen der Ansicht von Otto, S. 55, 58, handelt es sich insoweit um eine Einschränkung des Betrugstatbestandes de lege ferenda.

[52] Zum „Vertröstungsscheck" vgl. Zahrnt, S. 154 f.; Otto, aaO. S. 43.

[53] Vgl. die Begründung zu § 184 AE (S. 63): „Der Vorschlag des AE ... betrachtet als geschütztes Rechtsgut nicht so sehr das Vermögen des Schecknehmers als vielmehr den bargeldlosen Zahlungsverkehr mittels Scheck. Dieser Zahlungsverkehr wird durch Buchungen [?], Rückbuchungen, Nichteinlösungsanzeigen usw. erheblich **gestört**."

sichtspunkt erscheint ihm schon die Hingabe eines ungedeckten Schecks als eine (abstrakte) Gefahr.

Praktisch freilich ist mit dem Tatbestand nicht viel gewonnen; denn die Probleme des Vorsatz-Nachweises stellen sich im Rahmen des § 184 Abs. 1 AE mit nahezu derselben Schärfe wie beim § 263 StGB. Die praktischen Probleme der Strafverfolgung wollen die Verfasser des Alternativ-Entwurfs denn auch hauptsächlich durch ihren *§ 184 Abs. 2* lösen. Durch diese Bestimmung schneiden sie die allfällige Ausrede des Täters ab, aufgrund seiner Dispositionen habe er mit einer Bezahlung des Schecks bei Vorlage gerechnet und somit hinsichtlich der Nichteinlösung unvorsätzlich gehandelt. Gesetzgeberisches Mittel hierfür ist ihnen die Strafdrohung auch gegen die Leichtfertigkeit (= grobe Fahrlässigkeit) der Tatbegehung. Allerdings wendet sich ihre erweiterte Strafdrohung nur gegen Kaufleute, weil, wie sie begründen, „diesen Täterkreis infolge seiner berufsmäßigen Teilnahme am Wirtschaftsverkehr besondere Sorgfaltspflichten treffen"[54].

§ 184 Abs. 3 schließlich ist dazu bestimmt, einige weitere Lücken der Strafbarkeit zu schließen, auf die hier nicht weiter eingegangen werden soll, weil sie mit dem Problem des Kreditbetruges nicht unmittelbar zusammenhängen.

4. Kriminalpolitische Bewertung

Der Vorschlag des Alternativ-Entwurfs ist im wesentlichen auf *Ablehnung* gestoßen. Gegen ihn wird vor allem geltend gemacht[55]:

a) Die mißbräuchliche Verwendung von (nicht kartgarantierten) Schecks stelle heute keine Gefährdung des Kreditgewerbes mehr dar, weil durch dessen Selbsthilfemaßnahmen der Umlauf ungedeckter Schecks unter Kontrolle gehalten und prozentual bei ca. 2 ‰ des Betrages stabilisiert worden sei. Die Einführung eines Sondertatbestandes könne im Gegenteil zur „strafrechtlichen Gefährdung" der Scheckaussteller führen und sie veranlassen, auf das Überweisungs- oder Lastschriftverfahren überzuwechseln.

b) Die Beweisschwierigkeiten, die sich in einigen Fällen hinsichtlich des subjektiven Betrugstatbestandes ergeben haben, seien bei Scheckbeträgen über 1 000 DM letzthin überwindbar[56]. Hinzu komme, daß die Einlassung des Scheckausstellers, er habe in naher Zukunft Zahlungseingänge erwartet oder aus anderen Gründen mit einer Einlösung des Schecks durch die Bank gerechnet, sich oft als durchaus richtig her-

---

[54] AE, Begründung S. 63.
[55] Vgl. zum folgenden die umfassende Darstellung von Otto, S. 81 ff.
[56] So auch schon Niese in NJW 1952/692.

ausstelle. Bei Beträgen unter 1 000 DM seien die Beweisschwierigkeiten zwar größer, dafür aber die Strafwürdigkeit insgesamt zweifelhaft; denn in dieser Größenordnung hänge es aus der Sicht des Scheckausstellers vielfach von Zufälligkeiten ab, ob die Bank seinen Scheck auch ohne Deckung einlöst oder nicht. Die Einführung eines Sondertatbestandes führe hier zu der Gefahr, daß der Scheckaussteller auf die Bank einen erheblichen Druck zur Kreditgewährung ausübt, um dem Strafverfahren zu entgehen.

c) Auch die Bestrafung wegen leichtfertiger Tat (§ 184 Abs. 2 AE) hänge zunächst von der Entscheidung des Kreditinstituts ab, ob es dem Scheckaussteller einen weiteren Kredit zur Verfügung stelle oder nicht. Im übrigen beseitige zwar der Leichtfertigkeitstatbestand die Beweisschwierigkeiten der Praxis, verleite gleichzeitig aber auch dazu, hinsichtlich des Tätervorsatzes nur unvollkommen zu ermitteln und stattdessen von vornherein wegen Leichtfertigkeit anzuklagen, damit aber eine mindere Strafe in Kauf zu nehmen. Schließlich sei fraglich, ob die Krediterschleichung, um die es der Sache nach gehe, im Falle des § 265 b nur bei vorsätzlicher Begehung, bei der Benutzung eines Schecks aber auch im Fall der Leichtfertigkeit strafwürdig sei.

d) Die bloße Störung des bargeldlosen Zahlungsverkehrs durch die unnütze buchungstechnische Bearbeitung ungedeckter Schecks stelle allein keine so gravierende Beeinträchtigung dar, als daß sie bereits um ihrer selbst willen bestraft werden kann.

Diesen Argumenten ist folgendes *entgegenzusetzen:*

ad a): Der Hinweis, daß sich der Umlauf ungedeckter Schecks bei ca. 2 ‰ des Betrages stabilisiert habe, verharmlost den Sachverhalt, daß jährlich ca. 1,5 Mio. Schecks mit einem Gesamtbetrag von ca. 2 Mrd. DM zu Protest gehen[57]. Wenngleich zuzugeben ist, daß diese Zahlen über strafbares oder strafwürdiges Verhalten unmittelbar nichts aussagen, sind sie doch zu hoch, um eine Bagatellisierung des Problems zu stützen. Es mag ferner zu denken geben, daß gegen die Gefährdung der Versicherungswirtschaft seit Jahren eine Verbotsnorm (nämlich der § 265) existiert und die Berechtigung dieser Norm seitens der Praxis niemals angefochten wurde, obwohl auf ihr noch nicht einmal 20 Verurteilungen im Jahr beruhen. Auch hat die Praxis gegenüber dieser Norm niemals jenes Argument verwandt, das sie nun glaubt, gegen den Tatbestand des Scheckmißbrauchs ins Feld führen zu müssen: daß eine „strafrechtliche Gefährdung" der Versicherungsnehmer Folge der Norm sei und sie sich deshalb per saldo schädlich auf die Versicherungswirtschaft auswirke.

---

[57] Zahlen bei Otto, S. 129.

ad b): Der zweite Einwand, daß die Beweisschwierigkeiten beim Scheckbetrug leichter zu überwinden seien als im Regelfall des Kreditbetruges, ist richtig — und zwar schon deshalb, weil der Scheck seiner Natur nach eben überhaupt kein Kreditmittel, sondern ein Zahlungsmittel, wenngleich mit begrenzter Kreditwirkung, ist. Dennoch schließt der Einwand nicht aus, daß die verbleibenden — und durch ihn ja nicht geleugneten, sondern im Gegenteil zugestandenen — Beweisprobleme beim Scheckbetrug mit Hilfe einer Sonderregelung, die dem § 265 b gleicht, beseitigt werden; denn § 265 b beseitigt ebenfalls nicht nur die schweren, sondern auch die leichten Beweisprobleme und betrifft darüber hinaus Kreditgewährungen nicht nur von längerer, sondern auch von kürzerer Dauer[58]. Allerdings läßt der Einwand eine Sonderregelung für den Scheckbetrug weniger dringlich erscheinen als für den allgemeinen Kreditbetrug.

Der Einwand versagt indessen vollends gegenüber einem Tatbestand wie dem des § 184 AE, der nicht Beweisschwierigkeiten zur ratio der Pönalisierung macht, sondern den Scheckverkehr als solchen zum neuen Rechtsgut erhebt. Dieses Rechtsgut wird nämlich durch die Begebung ungedeckter Schecks unabhängig davon verletzt, ob einer Bestrafung des Scheckausstellers wegen Betruges Beweisschwierigkeiten entgegenstehen oder nicht. —

Dennoch scheinen mir — auch angesichts dieser Gegenargumente — die gegen § 184 AE vorgebrachten *Bedenken letzthin begründet* zu sein: Der Vorsatztatbestand seines Absatz 1 bringt, wie erwähnt, der Praxis keine Beweiserleichterung und damit gegenüber der gegenwärtigen Rechtslage keine prozessualen Vorteile. Materiell-rechtlich wiederum müßte für den strafrechtlichen Schutz des neuen Rechtsguts „bargeldloser Zahlungsverkehr durch Verwendung von Schecks" das kriminalpolitische Bedürfnis erst noch nachgewiesen werden. Dieser Nachweis kann nicht allein durch den Hinweis auf den Verwaltungsaufwand, den ungedeckte Schecks verursachen, geführt werden. Denn die Verursachung dieses Verwaltungsaufwandes kann allenfalls Gegenstand einer Ordnungswidrigkeit, nicht aber einer Straftat sein. Schließlich vermag ich auch keine kriminalpolitische Rechtfertigung für eine Fahrlässigkeitsstrafdrohung, wie § 184 Abs. 2 AE sie vorsieht, zu erkennen.

---

[58] Insofern kommt es sogar ohne eine strafrechtliche Sonderregelung für den Scheckmißbrauch zu gewissen Diskrepanzen: Wird eine Warenlieferung erst nach zwei Wochen mit einem Scheck „bezahlt", der nicht gedeckt ist, dann macht sich der Scheckaussteller allenfalls nach § 263 strafbar. Schickt er dagegen seinen Scheck sogleich, jedoch verbunden mit der Bitte, ihn erst nach 10 Tagen der Bank einzureichen, da erst dann Deckung vorhanden sei, dann kommt zusätzlich eine Strafbarkeit nach § 265 b Abs. 1 Nr. 1 lit. b in Betracht, weil dann schriftlich unrichtige Angaben gemacht worden sind. Beide Fälle scheinen mir aber vom Unrechtsgehalt her im wesentlichen gleich zu liegen.

Im Gegenteil sehe ich — insoweit in Übereinstimmung mit der Praxis — einen gewissen Widerspruch zwischen dieser Fahrlässigkeitsdrohung und § 265 b, der nur vorsätzliches Handeln unter Strafe stellt. M. E. wird dieser Einwand auch nicht dadurch ausgeräumt, daß § 184 Abs. 2 AE die Strafbarkeit wegen leichtfertigen Verhaltens auf Kaufleute beschränkt.

Abschließend meine ich daher, daß sich die überwiegende Meinung im Ergebnis zutreffend gegen eine dem § 184 AE entsprechende Strafvorschrift ausgesprochen hat.

Anhang

Anhang I

§ 263 StGB *Betrug*

(1) Wer in der Absicht, sich oder einem Dritten einen rechtswidrigen Vermögensvorteil zu verschaffen, das Vermögen eines anderen dadurch beschädigt, daß er durch Vorspiegelung falscher oder durch Entstellung oder Unterdrückung wahrer Tatsachen einen Irrtum erregt oder unterhält, wird mit Freiheitsstrafe bis zu fünf Jahren oder mit Geldstrafe bestraft.

(2) Der Versuch ist strafbar.

(3) In besonders schweren Fällen ist die Strafe Freiheitsstrafe von einem Jahr bis zu zehn Jahren.

§ 265 b StGB *Kreditbetrug*

(1) Wer einem Betrieb oder Unternehmen im Zusammenhang mit einem Antrag auf Gewährung, Belassung oder Veränderung der Bedingungen eines Kredites für einen Betrieb oder ein Unternehmen oder einen vorgetäuschten Betrieb oder ein vorgetäuschtes Unternehmen

1. über wirtschaftliche Verhältnisse
   a) unrichtige oder unvollständige Unterlagen, namentlich Bilanzen, Gewinn- und Verlustrechnungen, Vermögensübersichten oder Gutachten vorlegt oder
   b) schriftlich unrichtige oder unvollständige Angaben macht, die für den Kreditnehmer vorteilhaft und für die Entscheidung über einen solchen Antrag erheblich sind, oder
2. solche Verschlechterungen der in den Unterlagen oder Angaben dargestellten wirtschaftlichen Verhältnisse bei der Vorlage nicht mitteilt, die für die Entscheidung über einen solchen Antrag erheblich sind,

wird mit Freiheitsstrafe bis zu drei Jahren oder mit Geldstrafe bestraft.

(2) Nach Absatz 1 wird nicht bestraft, wer freiwillig verhindert, daß der Kreditgeber aufgrund der Tat die beantragte Leistung erbringt. Wird die Leistung ohne Zutun des Täters nicht erbracht, so wird er straflos, wenn er sich freiwillig und ernsthaft bemüht, das Erbringen der Leistung zu verhindern.

(3) Im Sinne des Absatzes 1 sind

1. Betriebe und Unternehmen unabhängig von ihrem Gegenstand solche, die nach Art und Umfang einen in kaufmännischer Weise eingerichteten Geschäftsbetrieb erfordern;
2. Kredite Gelddarlehen aller Art, Akzeptkredite, der entgeltliche Erwerb und die Stundung von Geldforderungen, die Diskontierung von Wech-

seln und Schecks und die Übernahme von Bürgschaften, Garantien und sonstigen Gewährleistungen.

§ 187 AE *Krediterschleichung*

(1) Mit Freiheitsstrafe bis zu drei Jahren oder mit Geldstrafe wird bestraft, wer bei dem Begehren auf Erlangung, Verlängerung oder Erweiterung eines Kredites, der mehr als 20 000 DM beträgt und dessen Gewährung für beide Teile ein Handelsgeschäft ist, gegenüber dem Kreditgeber unrichtige oder unvollständige Angaben über die wirtschaftlichen Verhältnisse des Kreditnehmers macht, es sei denn, daß die Erklärungen für die Beurteilung der Sicherheit des Kredits nicht erheblich sind. Ebenso wird bestraft, wer es unterläßt, Verschlechterungen der dargestellten wirtschaftlichen Verhältnisse vor Inanspruchnahme des Kredites dem Kreditgeber mitzuteilen.

(2) Absatz 1 ist auch anzuwenden, wenn der Täter die Voraussetzungen für das Vorliegen eines Handelsgeschäfts vortäuscht.

(3) Nach Absatz 1 wird nicht bestraft, wer freiwillig verhindert, daß der Kreditgeber aufgrund der Tat die beantragte Leistung erbringt. Wird die Leistung ohne Zutun des Täters nicht erbracht, so wird er straflos, wenn er sich freiwillig und ernsthaft bemüht, das Erbringen der Leistung zu verhindern.

§ 186 AE *Wechselmißbrauch*

(1) Wer einen Wechsel, dem weder ein Geschäft über entsprechenden Warenumsatz oder entsprechende Dienstleistungen noch eine Darlehensgewährung durch ein staatlich erlaubtes Kreditinstitut zugrunde liegt, in Verkehr bringt oder weitergibt, ohne auf das Fehlen eines solchen Grundgeschäftes hinzuweisen, wird mit Freiheitsstrafe bis zu zwei Jahren oder mit Geldstrafe bestraft, wenn der Wechsel bei Vorlage zur Zahlung innerhalb der Vorlegungsfrist nicht eingelöst wird.

(2) Mit Freiheitsstrafe von sechs Monaten bis zu fünf Jahren wird bestraft, wer geschäftsmäßig

1. ohne Übernahme der vollen Haftung für die Einlösung die Veräußerung solcher Wechsel vermittelt oder

2. solche Wechsel zum Zwecke der Weiterveräußerung erwirbt und als Gegenleistung für den Erwerb überwiegend andere Wechsel oder Schecks hingibt.

§ 184 AE *Scheckmißbrauch*

(1) Wer als Aussteller einen Scheck in Verkehr bringt, den die bezogene Bank innerhalb der Vorlegungsfrist mangels Deckung nicht einlöst, wird, wenn er hinsichtlich der Nichteinlösung vorsätzlich gehandelt hat, mit Freiheitsstrafe bis zu drei Jahren oder mit Geldstrafe bestraft.

(2) Wird die Tat von einem Kaufmann begangen, der hinsichtlich der Nichteinlösung leichtfertig gehandelt hat, so ist die Strafe Freiheitsstrafe bis zu zwei Jahren oder Geldstrafe.

(3) Wer wissentlich ohne berechtigten Anlaß verhindert, daß ein von ihm ausgestellter Scheck während der Vorlegungsfrist eingelöst wird, wird mit Freiheitsstrafe bis zu drei Jahren oder mit Geldstrafe bestraft.

Anhang II

A. Die Beschlüsse der Kommission zur Bekämpfung der Wirtschaftskriminalität — Reform des Wirtschaftsstrafrechts — zur Krediterschleichung

Die Kommission zur Bekämpfung der Wirtschaftskriminalität — Reform des Wirtschaftsstrafrechts — hat sich auf ihrer 5. Arbeitstagung in der Zeit vom 24. bis 28. September 1973 in Bad Kreuznach mit den Problemen der Krediterschleichung beschäftigt und folgende Beschlüsse gefaßt:

1. Das Gesetz über das Kreditwesen soll dem Schutz der Kreditwirtschaft dienen; insbesondere sollen auch Personen, die Kreditinstituten Vermögenswerte anvertrauen, vor wirtschaftlichen Verlusten durch unseriöse Kreditvergabe geschützt werden. Gefährdet werden durch unseriöse Kreditvergabe auch Personen, die unseriösen Kreditnehmern Dienstleistungs- und Warenkredite einräumen.

   Bei der außerordentlichen Bedeutung der Kredite jeder Art für eine marktwirtschaftlich erfaßte Wirtschaftsordnung ist es geboten, über die Vorschriften des Gesetzes über das Kreditwesen hinausgehende Maßnahmen zum Schutz *aller Arten von Kreditgebern* zu treffen.

2. § 18 des Kreditwesengesetzes dient in besonderem Maße dem Schutz der Kreditgeber. Nach den Erfahrungen der strafrechtlichen Praxis reicht diese Vorschrift nach Ausgestaltung und Anwendung jedoch nicht aus, um ihre Schutzfunktion voll zu erfüllen.

   Der sich daraus ergebenden Gefährdung der Kreditgeber sollte dadurch begegnet werden, daß

   a) die Ausnahme von dem Verlangen zur Offenlegung der wirtschaftlichen Verhältnisse im § 18 Satz 2 KWG gestrichen oder zumindest wesentlich eingeschränkt wird,

   b) der Umfang dessen, was von dem Kreditinstitut an Offenlegung über die wirtschaftlichen Verhältnisse des Kreditnehmers zu verlangen ist, in § 18 KWG spezifizierter und konkreter umschrieben wird *und*

   c) die Voraussetzung dafür geschaffen wird, Verstöße gegen die Verpflichtung, Kredite nur nach Offenlegung der wirtschaftlichen Verhältnisse zu gewähren, als Ordnungswidrigkeit zu ahnden.

   Die Freiheit der Kreditinstitute, über die Kreditvergabe zu entscheiden, soll durch die Verschärfung der Prüfungspflicht nach § 18 KWG nicht beeinträchtigt werden. Die Prüfung der Einhaltung des § 18 KWG sollte intensiviert werden.

3. Weit über das übliche Kreditrisiko hinaus werden Kreditgeber dann gefährdet, wenn das Kreditinstitut die Bonität des Kreditnehmers aufgrund unwahrer Kreditunterlagen prüft.

In einer auf Kredit und Vertrauen aufbauenden Wirtschaftsordnung ist der Schutz der Kreditgeber vor nicht kalkulierbarem Vermögensrisiko ein Rechtsgut von so bedeutendem Rang, daß seine Gefährdung durch ethisch vorwerfbare Täuschungshandlungen der Kreditsuchenden prinzipiell strafwürdig ist.

4. Durch das geltende Strafrecht, insbesondere durch § 263 StGB, wird der erforderliche strafrechtliche Rechtsschutz nicht hinreichend gewährleistet, weil dieser Tatbestand über die Täuschungshandlung hinaus weitere objektive und subjektive Anforderungen stellt.

Es ist daher geboten, im Vorfeld des Betruges einen Tatbestand zu schaffen, der als Gefährdungsdelikt auszugestalten ist.

5. Da der Tatbestand dem Schutz aller Kreditgeber dienen soll und als solcher von zentraler Bedeutung ist, soll er in das Strafgesetzbuch eingestellt werden, zumal davon auch eine erhöhte generalpräventive Wirkung zu erwarten ist.

6. Als Tatbestandshandlungen sollen unter Strafe gestellt werden

   a) die Vorlage unwahrer Bilanzen, Gewinn- und Verlustrechnungen und Vermögensübersichten sowie sonstiger unwahrer schriftlicher Unterlagen über die wirtschaftlichen Verhältnisse des Kreditsuchenden bei der Beantragung eines Kredites, seine Erweiterung oder der Beantragung günstigerer Kreditbedingungen und

   b) die unterlassene Mitteilung von wesentlichen Veränderungen der in den eingereichten Unterlagen dargestellten wirtschaftlichen Verhältnisse bis zur Krediteröffnung.

7. Damit nur solche Verhaltensweisen strafrechtlich erfaßt werden, die spezifisch gefährlich und von erheblicher Bedeutung sind, wird der Tatbestand einzuschränken sein

   a) nach der Täterseite auf eingetragene Kaufleute und solche Personen, die zur Eintragung in das Handelsregister verpflichtet sind, soweit der Kredit im Betrieb ihres Gewerbes aufgenommen wird, und

   b) nach dem Angriffsobjekt auf Einrichtungen und Personen, die unter das Gesetz über das Kreditwesen fallen.

8. Der Begriff „Kredit" soll nicht abschließend definiert werden, weil die Formen der Kreditgewährung in ständigem Fluß sind und deshalb eine abschließende Definition weder zweckmäßig noch möglich erscheint. Bei der Auslegung des Begriffes „Kredit" sind jedoch die Bestimmungen des Kreditwesengesetzes heranzuziehen.

9. Hinsichtlich der Schuldform soll nur die vorsätzliche Begehung unter Strafe gestellt werden.

10. Die Strafnorm, die im Vorfeld des Betruges liegt, soll nicht als lex specialis oder subsidiäre Vorschrift geschaffen werden.

11. Es soll eine Rücktrittsvorschrift geschaffen werden, nach der Straffreiheit eintritt, wenn freiwillig

    a) der Antrag an das Kreditinstitut zurückgenommen wird,

    b) die unrichtigen Angaben berichtigt werden oder

    c) eine unterlassene Mitteilung nachgeholt wird.

12. § Y

Krediterschleichung

(1) Mit Freiheitsstrafe bis zu drei Jahren oder mit Geldstrafe wird bestraft, wer als Kaufmann oder als Inhaber eines Unternehmens, der zur Eintragung der Firma in das Handelsregister verpflichtet ist,

1) im Zusammenhang mit der Beantragung eines Kredites, seiner Erweiterung oder der Beantragung günstigerer Kreditbedingungen einem Kreditinstitut unwahre Bilanzen, Gewinn- und Verlustrechnungen, Vermögensübersichten oder sonstige unwahre schriftliche Unterlagen über seine wirtschaftlichen Verhältnisse einreicht oder

2) es pflichtwidrig unterläßt, bis zur Bereitstellung des Kredites eingetretene wesentliche Veränderungen der wirtschaftlichen Verhältnisse, über die nach Nr. 1 Unterlagen eingereicht worden sind, dem Kreditinstitut unverzüglich, spätestens vor der Inanspruchnahme des Kredites schriftlich mitzuteilen.

(2) Nach Absatz 1 wird nicht bestraft, wer freiwillig vor Inanspruchnahme des Kredites seinen Antrag bei dem Kreditinstitut zurücknimmt oder gegenüber dem Kreditinstitut die unwahren Unterlagen schriftlich berichtigt oder die unterlassene Mitteilung nachholt.

B. Die Beschlüsse der Kommission zur Bekämpfung der Wirtschaftskriminalität — Reform des Wirtschaftsstrafrechts — zum Mißbrauch von Finanzwechseln

Die Kommission zur Bekämpfung der Wirtschaftskriminalität — Reform des Wirtschaftsstrafrechts — hat sich auf ihrer 13. Arbeitstagung in der Zeit vom 2. bis 6. Mai 1977 in Bad König mit den Problemen des Mißbrauchs von Finanzwechseln beschäftigt und folgende Beschlüsse gefaßt:

1) Im Wirtschaftsverkehr ist der Warenwechsel ein unerläßliches Hilfsmittel für den Leistungsaustausch, weil er die kurzfristige Kreditierung des Entgelts ermöglicht und gleichzeitig sichert. Demgegenüber dient der Finanzwechsel, dessen Begebung nicht im Zusammenhang mit einem Geschäft über zur Weiterveräußerung bestimmter Waren oder produktiver Leistungen steht, der reinen Kreditbeschaffung. Er hat zwar insoweit im Wirtschaftsleben eine sinnvolle Funktion. Seine mißbräuchliche Verwendung unter der Vortäuschung, es handele sich um einen Warenwechsel, führt jedoch zu Gefahren, denen durch § 263 StGB nicht hinreichend begegnet werden kann.

2) Die Kommission empfiehlt daher die Einführung eines strafrechtlichen Sondertatbestandes. Durch diesen soll nicht nur das Vermögen der am Wechselverkehr beteiligten und der mit ihnen verbundenen Wirtschaftskreise, sondern auch das Vertrauen in die Funktion des Warenwechsels als Instrument des Wirtschaftsverkehrs, sowie schließlich auch die Wirksamkeit staatlicher kreditpolitischer Maßnahmen geschützt werden.

3) Der Sondertatbestand soll im Hinblick auf diese Rechtsgutsbestimmung nicht erst eingreifen, wenn es durch die mißbräuchliche Verwendung eines Finanzwechsels im Einzelfall zu Vermögensschäden (i. S. des § 263 StGB) der unmittelbar am Wechselverkehr Beteiligten gekommen ist.

4) Die Beschreibung der Tathandlung im Grundtatbestand soll davon ausgehen, daß derjenige, der einen Wechsel gibt oder weitergibt, damit stillschweigend erklärt, es handele sich um einen Warenwechsel — es sei denn, daß sich die Natur des Wechsels als Finanzwechsel und damit als eines Wechsels von minderer Qualität aus der Urkunde oder aus den sonstigen Umständen eindeutig ergibt.

5) Der Tatbestand der Begebung oder Weitergabe eines Finanzwechsels ohne Offenlegung seiner Natur soll im Verhältnis zu § 263 StGB Spezialtatbestand sein. Im Hinblick hierauf ist es erforderlich, den Strafrahmen des Betrugstatbestandes — einschließlich des Strafrahmens für besonders schwere Fälle — zur Anwendung zu bringen.

6) Der Tatbestand soll darüber hinaus, wenn auch mit gleichem Strafrahmen, selbständig das wirtschaftlich besonders gefährliche Verhalten solcher Personen erfassen, die geschäftsmäßig die Begebung oder Weitergabe von Finanzwechseln, die nicht eindeutig als solche gekennzeichnet sind, vermitteln.

7) Es soll die Möglichkeit des Absehens von Strafe für den Fall vorgesehen werden, daß der Finanzwechsel von einem als Wechselschuldner in Anspruch genommenen Täter unverzüglich eingelöst wird. Dies soll jedoch nicht für die besonders gefährliche Vermittlungstätigkeit gelten.

Die Kommission hat aufgrund dieser Beschlüsse folgenden Gesetzesvorschlag erarbeitet:

(1) Mit Freiheitsstrafe bis zu fünf Jahren oder mit Geldstrafe wird bestraft, wer einen Wechsel begibt oder weitergibt, der nicht im Zusammenhang mit einem Geschäft über zur Weiterveräußerung bestimmter Waren oder einem Dienstleistungsgeschäft steht (Finanzwechsel), ohne dies zu offenbaren. Dies gilt nicht, wenn sich bereits aus dem Wechsel oder den Umständen eindeutig ergibt, daß es sich um einen Finanzwechsel handelt.

(2) Ebenso wird bestraft, wer geschäftsmäßig die Begebung oder Weitergabe eines Finanzwechsels vermittelt, aus dem sich nicht eindeutig die Eigenschaft als Finanzwechsel ergibt.

(3) In besonders schweren Fällen ist die Strafe Freiheitsstrafe von einem Jahr bis zu zehn Jahren.

(4) In den Fällen des Absatzes 1 kann das Gericht von Strafe nach dieser Vorschrift absehen, wenn der Wechsel von einem als Wechselschuldner in Anspruch genommenen Täter unverzüglich eingelöst wird.

C. Die Beschlüsse der Kommission zur Bekämpfung der Wirtschaftskriminalität — Reform des Wirtschaftsstrafrechts — zum Scheckmißbrauch

Die Kommission zur Bekämpfung der Wirtschaftskriminalität — Reform des Wirtschaftsstrafrechts — hat sich auf ihrer 14. Arbeitstagung in der Zeit vom 21. bis 25. November 1977 in Baiersbronn mit den Problemen des Scheckmißbrauchs beschäftigt und folgende Beschlüsse gefaßt:

1) Die von der Kommission veranlaßten Erhebungen hinsichtlich des Bedürfnisses nach Einführung eines strafrechtlichen Sondertatbestandes der Ausstellung ungedeckter Schecks hat ergeben, daß zwar die Zahl der be-

gebenen ungedeckten Schecks beträchtlich und der durch sie verursachte Schaden nicht unerheblich ist; andererseits ist aber — anders als bei Schecks mit Scheckkarten — nicht ersichtlich geworden, daß die strafrechtliche Einordnung der bedeutsamsten Fälle durch § 263 StGB auf Schwierigkeiten stößt. Die Kommission ist der Auffassung, daß deshalb und auch im Hinblick auf die Stellungnahme des Kreditgewerbes die Einführung eines strafrechtlichen Sondertatbestandes der Ausstellung ungedeckter Schecks zur Sicherung des bargeldlosen Zahlungsverkehrs zumindest gegenwärtig nicht geboten erscheint.

2) Im Zusammenhang mit ihrem Vorschlag, den Scheckmißbrauch durch einen besonderen Tatbestand zu erfassen, weist die Kommission auch auf die Probleme hin, die sich aus der unberechtigten Verwendung von Einziehungsermächtigungen ergeben. Hier treten ähnliche strafrechtliche Fragen wie beim Scheckkartenmißbrauch auf.

Literaturverzeichnis

Alternativ-Entwurf eines Strafgesetzbuches, Besonderer Teil: Straftaten gegen die Wirtschaft, vorgelegt von Lampe, Lenckner, Stree, Tiedemann, Weber, Tübingen 1977.

Amelung, Kurt: Irrtum und Zweifel des Getäuschten beim Betrug, in GA 1977, S. 1 - 17.

Arzt, Gunther: Strafrecht, Besonderer Teil, LH 3: Vermögensdelikte (Kernbereich), Bielefeld 1978.

Backmann, Leonhard: Die Abgrenzung des Betruges von Diebstahl und Unterschlagung, Köln/Berlin/Bonn/München 1974.

Bähre, Inge Lore / *Schneider*, Manfred: KWG-Kommentar (2. Aufl.), München 1976.

Baumbach, Adolf / *Hefermehl*, Wolfgang: Wechsel- und Scheckgesetz (12. Aufl.), München 1978.

Bertling, Günter: Die Kriminalität im bargeldlosen und bargeldsparenden Zahlungsverkehr, in: Schriftenreihe des BKA Bd. 3 (1958), Neuauflage, Hamburg 1972.

Berz, Ulrich: Das Erste Gesetz zur Bekämpfung der Wirtschaftskriminalität, in BB 1976, S. 1435 - 1441.

Bittner, Peter Conrad: Der Scheckbetrug im deutschen und österreichischen Strafrecht (Diss.), Mainz 1959.

Blei, Hermann: Strafrecht, Besonderer Teil (11. Aufl.), München 1978.
— Das 1. Gesetz zur Bekämpfung der Wirtschaftskriminalität vom 20. 7. 1976, in: JA 1976 S. 741 - 744 und S. 807 - 816.

Bockelmann, Paul: Betrug trotz ausreichender Gläubigersicherung, in NJW 1961, S. 145 - 147.
— Betrug verübt durch Schweigen, in: Festschrift für Eb. Schmidt (Göttingen 1961), S. 437 - 458.
— Kriminelle Gefährdung und strafrechtlicher Schutz des Kreditgewerbes, in ZStW Bd. 79 (1967), S. 28 - 58.

Burchardt, Paul: Täuschung und Rechtswidrigkeit beim Kreditbetrug, Berlin 1937.

Cremer, Ernst: Ansprüche des Inhabers eines Reitwechsels gegen den Akzeptvermittler, in BB 1958, S. 1082 - 1083.

Dähn, Gerd: Wirtschaftsstrafrechtliche Normen im Handels-, Urheber- und Erfinderrecht, in: Baumann / Dähn, Studien zum Wirtschaftsstrafrecht (Tübingen 1971), S. 120 - 137.

Deubner, Karl G.: Urteilsanmerkung, in NJW 1969, S. 623 (zu: Urteil des OLG Düsseldorf v. 23. 8. 68 — (3) Ss 578/68).

Dreher, Eduard / *Tröndle,* Herbert: Strafgesetzbuch und Nebengesetze (38. Aufl.), München 1978.

Eicke, Jürgen: Strafbarkeit der sog. Wechselreiterei (ungedr. Diss.), Mainz 1959.

Engisch, Karl: Das Problem der psychischen Kausalität beim Betrug, in: Festschrift für H. v. Weber (1963), S. 247 - 270.

Franzheim, Horst: Gedanken zur Neugestaltung des Betrugstatbestandes einschl. seines Vorfeldes unter besonderer Berücksichtigung der Wirtschaftskriminalität, in GA 1972, S. 353 - 366.

Gemmer, Karlheinz: Kriminalpolizei und Wirtschaftsstraftäter, in: Tiedemann (Hrsg.), Die Verbrechen in der Wirtschaft (2. Aufl.), Karlsruhe 1972, S. 103 - 109.

Giehring, Heinz: Prozeßbetrug im Versäumnis- und Mahnverfahren — zugleich ein Beitrag zur Auslegung des Irrtumsbegriffs in § 263 StGB, in GA 1973, S. 1 - 26.

Göhler, Erich / *Wilts,* Walter: Das Erste Gesetz zur Bekämpfung der Wirtschaftskriminalität (II), in DB 1976, S. 1657 - 1662.

Goldschmidt, James: Beiträge zur Lehre vom Kreditbetrug, in ZStW Bd. 48 (1928), S. 149 - 166.

Greshake, Kurt: Quo vadis — Wechsel?, in ZKW 1973, S. 166 - 170.

Gross, Karl-Heinz: Betrug ohne Irrtum?, in NJW 1973, S. 600 - 603.

Grünwald, Gerald: Der Vorsatz des Unterlassungsdelikts, in: Festschrift für H. Mayer (Berlin 1966), S. 281 - 303.

Gutmann, Alexander: Der Vermögensschaden beim Betrug im Licht der neueren höchstrichterlichen Rechtsprechung, in MDR 1963, S. 3 - 8 und S. 91 - 96.

Haft, Fritjof: Die Lehre vom bedingten Vorsatz unter besonderer Berücksichtigung des wirtschaftlichen Betrugs, in ZStW Bd. 88 (1976), S. 365 - 392.

Hahn, Oswald: Der Wechsel im Zwielicht, in ZKW 1962, S. 1010 - 1013.

— Die Schwächen des Handelswechsels, in ZKW 1963, S. 183 - 185.

Heinz, Wolfgang: Die Bekämpfung der Wirtschaftskriminalität mit strafrechtlichen Mitteln — unter besonderer Berücksichtigung des 1. WiKG, in GA 1977, S. 193 - 221 und S. 225 - 229.

Heinzel, Norbert: Wann ist Scheckmißbrauch strafbar?, in ZKW 1959, S. 967 bis 968.

Herzberg, Rolf Dietrich: Die Unterlassung im Strafrecht und das Garantenprinzip, Berlin/New York 1971.

Hucko, Elmar: Der Mißbrauch von Wechsel und Scheck, in DB 1969, S. 1135 bis 1136.

Klein, Helfried: Empfiehlt es sich, unabhängig von § 263 StGB einen Straftatbestand der Krediterschleichung zu schaffen?, in: Tagungsberichte der Sachverständigenkommission zur Bekämpfung der Wirtschaftskriminalität — Reform des Wirtschaftsrechts —, Bd. V (Bonn 1974), Anlage 5.

Lackner, Karl: Strafgesetzbuch (12. Aufl.), München 1978.

Lampe, Ernst-Joachim: Die strafrechtliche Behandlung der sog. Computer-Kriminalität, in GA 1975, S. 1 - 23.

Lampe, Ernst-Joachim: Rechtsgut, kultureller Wert und individuelles Bedürfnis, in: Festschrift für H. Welzel (Berlin/New York 1974), S. 151 - 165.

Leipziger Kommentar (LK): Strafgesetzbuch (9. Aufl.), hrsg. von Baldus und Willms, Berlin 1970 ff., § 263 bearb. von Karl Lackner.

Lenckner, Theodor: Vermögensschaden und Vermögensgefährdung beim sog. Eingehungsbetrug, in JZ 1971, S. 320 - 324.

— Urteilsanmerkung, in JZ 1966, S. 320 - 321 (zu: Urteil des OLG Stuttgart v. 14. 7. 65 — 1 Ss 380/65).

Liesecke, Rudolf: Neuere Entwicklungen im internationalen Scheckrecht, in WM 1971, S. 1222 - 1247.

Maurach, Reinhard / *Schroeder*, Friedrich-Christian: Strafrecht, Besonderer Teil, Teilbd. 1 (6. Aufl.), Heidelberg/Karlsruhe 1977.

Meincke, Ulrich: Zum Problem des Strafrechtsschutzes gegen die Begebung ungedeckter Schecks (ungedruckte Diss.), Hamburg 1968.

Mezger, Eduard: Urteilsanmerkung, in JZ 1951, S. 341 (zu: Urteil des OLG Oldenburg v. 5. 12. 50 — Ss 120/50).

Müller, Rudolf: Die Ausweitung der Wirtschaftskriminalität, in ZRP 1970, S. 110 - 115.

— Begünstigung der Steuer- und Wirtschaftsstraftäter durch den Staat, in ZRP 1975, S. 49 - 56.

— Straftatbestand bei Wechselreiterei und Weitergabe von Austauschwechseln, in NJW 1957, S. 1266 - 1268.

Müller-Emmert, Adolf / *Maier*, Bernhard: Das Erste Gesetz zur Bekämpfung der Wirtschaftskriminalität, in NJW 1976, S. 1657 - 1664.

Naucke, Wolfgang: Zur Lehre vom strafbaren Betrug, Berlin 1964.

Niese, Werner: Wann ist die Hingabe eines ungedeckten Schecks Betrug?, in NJW 1952, S. 691 - 692.

Obermüller, Walter: Der Finanzwechsel im Strafrecht, in ZKW 1958, S. 273 bis 276.

— Kredit durch Finanzwechsel, in NJW 1958, S. 655 - 658.

Otto, Harro: Zur Abgrenzung von Diebstahl, Betrug und Erpressung bei der deliktischen Verschaffung fremder Sachen, in ZStW Bd. 79 (1967), S. 59 - 102.

— Bargeldloser Zahlungsverkehr und Strafrecht, Köln/Berlin/Bonn/München 1978.

Prost, Gerhard: „Krediterschleichung", ein Vorfeldtatbestand des Betruges, sowie verstärkte Prophylaxe im Gesetz über das Kreditwesen als Mittel zur Bekämpfung der Wirtschaftskriminalität, in JZ 1975, S. 18 - 22.

— Empfiehlt es sich, unabhängig von § 263 StGB einen Straftatbestand der Krediterschleichung zu schaffen?, in: Tagungsberichte der Sachverständigenkommission zur Bekämpfung der Wirtschaftskriminalität — Reform des Wirtschaftsstrafrechts —, Bd. V (Bonn 1974), Anlage 3.

Raisch, Peter: Empfiehlt es sich, unabhängig von § 263 StGB einen Straftatbestand der Krediterschleichung zu schaffen?, in: Tagungsberichte der Sachverständigenkommission zur Bekämpfung der Wirtschaftskriminalität — Reform des Wirtschaftsstrafrechts —, Bd. V (Bonn 1974), Anlage 4.

Rehfeld, Bernhard / *Zöllner*, Wolfgang: Wertpapierrecht (12. Aufl.), München 1978.

Samson, Erich: Hypothetische Kausalverläufe im Strafrecht, Frankfurt a. M. 1972.

Sauer, Wilhelm: System des Strafrechts, Besonderer Teil, Köln/Bonn 1954.

Schlegelberger: Handelsgesetzbuch (5. Aufl.), Kommentar von: Ernst Geßler, Wolfgang Hefermehl, Wolfgang Hildebrandt, Georg Schröder, München 1973.

Schönke / Schröder: Strafgesetzbuch, Kommentar (19. Aufl.), München 1978. § 263 bearb. von Peter Cramer; § 265 b bearb. von Theodor Lenckner.

Schönle, Herbert: Bank- und Börsenrecht (2. Aufl.), München 1976.

Schröder, Horst: Urteilsanmerkung in JR 1961, S. 434 - 435 (zu: Urteil des OLG Köln v. 5. 5. 61 — Ss 493/60).

Schubarth, Martin: Das Verhältnis von Strafrechtswissenschaft und Gesetzgebung im Wirtschaftsstrafrecht, in ZStW Bd. 92 (1980) Heft 1.

Schünemann, Bernd: Zur Abgrenzung von Diebstahl, Betrug und Erpressung bei der deliktischen Verschaffung fremder Sachen, in GA 1969, S. 46 - 56.

Systematischer Kommentar zum Strafgesetzbuch, Bd. II: Besonderer Teil, Frankfurt 1978, §§ 263 ff. bearb. von Erich Samson.

Tiedemann, Klaus: Der Entwurf eines Ersten Gesetzes zur Bekämpfung der Wirtschaftskriminalität, in ZStW Bd. 87 (1975), S. 253 - 296.

— Erscheinungsformen der Wirtschaftskriminalität und Möglichkeiten ihrer strafrechtlichen Bekämpfung, in ZStW Bd. 88 (1976), S. 231 - 260.

— Welche strafrechtlichen Mittel empfehlen sich für die wirksamere Bekämpfung der Wirtschaftskriminalität?, in: Verhandlungen des 49. Deutschen Juristentages (1972), Bd. I: Gutachten, S. C 1 - 106.

— Wirtschaftsstrafrecht und Wirtschaftskriminalität, Bd. 2: Besonderer Teil, Reinbek 1976.

Tiedemann, Klaus / *Cosson*, Jean: Straftaten und Strafrecht im deutschen und französischen Bank- und Kreditwesen, Köln/Berlin/Bonn/München 1973.

Ulmer, Peter / *Heinrich*, Irmgard: Das Wechsel-Scheck-Verfahren, in DB 1972, S. 1101 - 1106 (1. Teil) und S. 1149 - 1153 (2. Teil).

Wachinger, Michael: Zur Rechtsprechung des Reichsgerichts über Kreditbetrug, in GS Bd. 102 (1933), S. 376 - 399.

Wahl, Adolf: Halbdiskont-Geschäfte. Sonderfall strafbarer Kreditschöpfung durch Finanzwechsel, in: Kriminalistik 1972, S. 67 - 70.

Winter, Franz: Besondere Formen der Gefälligkeitswechsel, in NJW 1960, S. 1848 - 1849.

Zahrnt, Hanns-Christoph: Die Sicherheit der Scheckeinlösung, Eine rechts- und wirtschaftswissenschaftliche Untersuchung über Möglichkeiten zur Förderung des Scheckverkehrs, Berlin 1971.

Printed by Libri Plureos GmbH
in Hamburg, Germany